社会治理与现代公益研究论丛

从体制到生态:“三社联动”与“五社联动”的承继逻辑

徐选国 著

華東理工大學出版社
EAST CHINA UNIVERSITY OF SCIENCE AND TECHNOLOGY PRESS
·上海·

图书在版编目(CIP)数据

从体制到生态:“三社联动”与“五社联动”的承继逻辑 / 徐选国著. —上海:华东理工大学出版社,2024.5
(社会治理与现代公益研究论丛)
ISBN 978-7-5628-6758-6

Ⅰ.①从… Ⅱ.①徐… Ⅲ.①社区管理-研究-中国
Ⅳ.①D669.3

中国国家版本馆 CIP 数据核字(2024)第 101222 号

策划编辑 / 刘　军
责任编辑 / 孟媛利
责任校对 / 章斯纯
装帧设计 / 居慧娜
出版发行 / 华东理工大学出版社有限公司
地址:上海市梅陇路 130 号,200237
电话:021-64250306
网址:www.ecustpress.cn
邮箱:zongbianban@ecustpress.cn
印　　刷 / 上海锦佳印刷有限公司
开　　本 / 710 mm×1000 mm　1/16
印　　张 / 14
字　　数 / 190 千字
版　　次 / 2024 年 5 月第 1 版
印　　次 / 2024 年 5 月第 1 次
定　　价 / 98.00 元

本书系2016年国家社会科学基金重大项目“中国特色社会体制改革与社会治理创新研究”（项目编号：16ZDA078）及2017年国家社会科学基金项目“城市社区社会工作的理论创新及其整合行动体系构建研究”（项目编号：17CSH051）的阶段性成果。

基层治理体系和治理能力现代化研究书系

上海学术·专业出版中心

社会工作与社会治理出版中心

荣誉出品

社会治理与现代公益研究论丛

现代公益组织研究与评估中心(粤、沪、浙)

组织编写

论丛总序

“起了个大早,赶了个晚集。”用这句话来形容我们现代公益组织研究与评估中心(以下简称“评估中心”)十多年来的发展历程,虽非十分妥当,但也有几分道理。评估中心自 2010 年成立以来,先后在珠三角地区和长三角地区成立了六家以从事公益组织研究与评估为主业的民办非企业单位,承接了数百个国家及省市级项目,项目执行地覆盖广东、广西、海南、上海、浙江、江苏、山东、湖南、陕西、内蒙古、西藏和新疆等多个省、自治区、直辖市。与此同时,评估中心制定的许多评估标准也被各地同行借鉴,产生了积极的社会影响。然而令人遗憾的是,多年来,以评估中心名义发表或出版的研究成果屈指可数,正式推出的标准化产品也寥寥无几。作为一家依托高校而成立的研究型社会组织,评估中心的这一状况既无法令人满意,也有悖于评估中心“打造研究引领型民间智库”的使命。

评估中心目前发展中的问题既是我们不够勤勉所致,也有我们过分追求完美的原因。面对一篇写就的文章、一本成型的书稿、一套完整的评估标准,我们还是经常犹豫再三,担心不够好,不敢贸然推出,以致一拖再拖,最终不了了之。一些同行起步虽比我们晚,但后来居上,反而占据了影响力的高地。好的成果、好的产品的确需要时间打磨,但时间常常不等人,我们也应敢于呈现不完善的作品,或者说阶段性的成果,然后在争议乃至批评中不断完善。当然,这并不意味着我们要急功冒进,只关心数量,不关心质量。我们要争取推出的是一定时期内最优的作品,换句话说,我们要推出的一定是诚意之作。

《社会治理与现代公益研究论丛》便是我们推出的诚意之作。近几年来，为了摆脱单一评估业务的束缚，评估中心做了许多有益的尝试，这些尝试既包括承接不同领域的研究规划类课题，也包括开展能力建设类项目、执行孵化托管类项目，还包括评估模式的迭代、评估技术的输出等。心理学家把人的知识和技能分为层层嵌套的三个圆形区域：最内一层是"舒适区"，是我们已经熟练掌握的各种知识和技能；最外一层是"恐慌区"，是我们暂时无法学会的知识与技能；两者中间则是"学习区"。正如您从这套丛书中所看到的，评估中心正在走出"舒适区"，走入"学习区"，从而不断磨炼自己的新技能，打造自己的新本领，展现出新的面貌。

在这套丛书出版之际，我们衷心感谢关心和支持评估中心发展的各界同仁，愿我们继续一起携手，致力社会创新，服务公益事业。

《社会治理与现代公益研究论丛》编委会

自　　序

《中共中央 国务院关于加强和完善城乡社区治理的意见》明确指出：城乡社区是社会治理的基本单元。城乡社区治理事关党和国家大政方针贯彻落实，事关居民群众切身利益，事关城乡基层和谐稳定。为实现党领导下的政府治理和社会调节、居民自治良性互动，全面提升城乡社区治理法治化、科学化、精细化水平和组织化程度，促进城乡社区治理体系和治理能力现代化，需要加强和完善城乡社区治理。党的十九大、二十大进一步做出了社会治理的核心是人、重心是城乡社区的重要论断。本序从党建引领"三社联动"机制创新的角度简要谈谈城乡社区治理创新的实践路径。

第一，将"三社联动"纳入党建引领社会治理的格局之中，明确了"三社联动"在城乡社区治理中的结构性位置。党的十八届三中全会以及十九大、二十大等重大决议逐渐确定了党在社会治理中的核心引领角色，这是随着社会建设从无到有、从社会管理向社会治理转变过程中的一种治理结构的优化。"三社联动"作为社会体制改革的重要力量，是社会治理体系的有机组成部分，理应被制度化地纳入党建引领的社会治理结构之中。这是新时代社会工作者、社会组织和城乡社区有效参与社会治理的结构性前提，也是"三社联动"助推基层治理体系和治理能力现代化的必然路径。实际上，《中共中央 国务院关于加强和完善城乡社区治理的意见》明确指出：要推进社区、社会组织、社会工作"三社联动"，完善社区组织发现居民需求、统筹设计服务项目、支持社会组织承接、引导专业社会工作团队参与的工作体系。这表明，"三社联动"参与城乡社区治理已经得到党中央、国务院的高度重视，民政部在最近数年来也高度重视"三社联动"工作，推动全国各地积极探索具有不同特征的实践模式，这为"三社联动"有力参与党建引领基层社区治理创新议程创造了重要的合法性基础。

第二，打破形式化的"三社联动"形态，明确党建引领"三社联动"的内涵，实现专业社会工作与原有社区服务体系的亲和性联结。"三社联动"旨在通过社区、社会组织与社会工作者的联动，实现多主体的优势互补与功能发挥，已成为全国许多地方推进基层社会治理的重要创新机制。实际上，许多地方尚未厘清"三社联动"的真正意义，有的地方在实践"三社联动"时甚至会出现所谓的"三社实为一社"的情形，即社区两委既代表社区，又是社会组织的负责人以及社区工作者队伍的领导，实现了三个主体的重合，这种情形难以真正发挥多元联动的作用。还有的地方虽然提出"优势主导的三社联动"政策导向，但实际上，在缺乏更为有力的规则的前提下，所谓"谁有优势谁主导"的"三社联动"，容易一边倒地成为体制惯性下社区主导下的"三社联动"。上述两种情形都不是真正的"三社联动"内涵，也不利于真正通过"三社联动"实现社区治理创新。一种较为根本的方式是确立社区党建在"三社联动"助力社区治理创新中的核心引领地位。党建作为社区治理体系的核心引擎，通过整合社区居委会、专业社会组织（以及社区社会组织）、专业社会工作者（以及社区工作者）等主体，探索形成共建共治共享的社区治理新格局。长期以来，单靠社会工作与社区居委会、社区工作站等原有社区服务系统的互动，难以形成有效的联动机制，也不是真正的"三社联动"机制。然而，通过发挥党组织在城乡社区治理中强有力的整合能力和调节优势，可以促进专业社会工作系统和行政社会工作系统的亲和性联结，有助于打破长期存在的"两种社会工作"现象及由此带来的分化局面。

第三，打通党建引领"三社联动"与城乡社区治理相连接的三重通道：熟悉介入系统—嵌入特定生活实践—发挥专业优势。中国社会工作从来都有着与西方社会工作不同的价值基础和行动逻辑，在改革开放 40 多年的发展历程中，社会工作被纳入和谐社会建设、社会管理创新、社会治理创新等宏观脉络之中。社会工作要么通过岗位购买方式(如深圳、东莞、广州等地)进入各职能部门及其向社区延伸的平台阵地之中,其功能发挥有很强的行政目标完成导向;要么通过专项项目或整体项目购买等形式,由政府购买社工服务(如《广州市社工服务站(家庭综合服务中心)管理办法(送审稿)》提到"将社工服务站项目经费由原本每年200万元提高到每年240万元";深圳社区党群服务中心每年投入50万元支持专业社会工作人才,并通过民生微实事项目服务社区的各类人群),其功能发挥容易与街道、社区等块状主体的既定目标关联起来。在这两种方式中,社会工作都与条、块部门有着不同程度的关系,因此说,在当前"三社联动"参与基层社会治理的行动中,首先,需要社会工作、社会组织熟悉其所介入的系统和环境,尤其是政府场域和社区场域,掌握目标系统的工作规则,特别是他们的工作需求(当前高校社工教育中对于各政府场域的课程讲授基本上是空缺的),这是社会工作者、社会组织等主体能够有效参与城乡社区治理行动的第一步。其次,社会工作者、社会组织必须掌握在地化的各类民众的生活习惯、语言和文化系统,质言之,应该嵌入社区民众的日常生活之中(这个层面是现有社会工作教育难以提供的),若能较好地进入服务群体的生活系统或生活世界,社会工作的服务将会更加有效。在社会工作者、社会组织能够较好地进入目标服务系统的同时,再通过其所掌握的专业知识、技能,为不同需求层次的个体、家庭、群体或社区提供有针对性的服务。通过这种层级式策略,可使社会工作者、社会组织在现有实践生态中真正获得政府、社区主体和社区居民的普遍认可,才能在真正意义上实现"三社联动"的有效性。

"三社联动"是我国社会结构转型的本土化产物(最早是在单位制解体后,社会力量逐渐生长的过程中所提出的),是推进社会体制改革和社会治理创新的重要机制,在近年来日益成为承接政府职能转移、传递公共服务资源、回应社会多元需求的重要社会性力量。"三社联动"机制在助推城乡社区治理实践中的具体模式因各地的政策导向和社会基础等要素不同而有所差异,形成了多元化的"三社联动"模式。从根本上讲,党建引领"三社联动"

既是过去，也是将来城乡社区治理得以成功推进的核心导向。

随着基层治理体系和治理能力现代化进程的深入推进，"三社联动"的内涵及其外延面临着一定的限制，为了更好地回应基层治理现代化的时代呼唤与内在要求，"五社联动"被提上重要议程，成为中央和地方推进基层治理的创新机制。本书以"三社联动"的实践和理论探索为纲，详细阐释了"三社联动"的理论内涵以及不同地区探索"三社联动"的实践模式，并简要地呈现了"五社联动"的内涵及其对"三社联动"的承继关系。当下如火如荼地推进的"五社联动"制度实践，将驱动着更多学人与实务同仁共同向前推进。

目　录

总论　从“三社联动”到“五社联动”的理论进阶 …… 001

一、引言：社会变迁呼唤社会体制改革创新 …… 001

二、“三社联动”：因应社区治理问题的“体制建构” …… 003

三、“五社联动”：基层治理新形势下的“生态建构” …… 007

四、变与不变：从“三社联动”到“五社联动”的继替与创新 …… 015

第一章　朝向社会理性：“三社联动”的理论阐释 …… 019

第一节　“三社联动”的内涵与实践 …… 020

第二节　“三社联动”与基层治理社会化的理论解释 …… 028

第三节　追寻社会理性：“三社联动”与基层治理的共性逻辑 …… 030

第四节　“三社联动”机制的实践困境及其超越 …… 035

第二章　基层治理创新、社会理性与“三社联动”：上海市梅村经验 …… 050

第一节　导论 …… 051

第二节　“三社联动”的历史与理论 …… 059

第三节　基层治理的社会性：一种“三社联动”的新型分析框架 …… 066

第四节　梅村“三社联动”的运行机制及其实践逻辑 …… 076

第五节　梅村“三社联动”：功能建构及其效应 …… 090

第六节　结论与讨论 …… 098

第三章　社区体制改革、嵌入性治理与“三社联动”：深圳市H社区经验 …… 103

第一节　导论 …… 104

第二节　文献回顾与理论建构 …… 108
第三节　社区体制改革中的“三社联动”:生成机制与逻辑动因 …… 115
第四节　“让社区回归社会”:H社区“三社联动”的实践逻辑 …… 122
第五节　H社区“三社联动”的社会效应及其经验反思 …… 126
第六节　结论与讨论 …… 133
第四章　基层治理的社会化:深圳Z街道网格化管理社会化服务模式 …… 140
第一节　导论 …… 141
第二节　国内网格化管理的经验模式及反思 …… 163
第三节　Z街道网格化管理初探:渊源、实践及其检视 …… 171
第四节　Z街道网格化管理变革:动因、效应及其限度 …… 180
第五节　结论与讨论 …… 194
结语 …… 205
内容提要 …… 208

总论　从“三社联动”到“五社联动”的理论进阶

一、引言：社会变迁呼唤社会体制改革创新

中华人民共和国成立以来，我国在很长一段时间内采取单位制管理模式，形成了“国家—单位—个人/家庭”的纵向管理架构，在学术上称之为“单位制社会”或“单位制时代”，因这一时期政治、经济、社会、文化等要素没有形成较为清晰的分工和边界，学界进一步将这种社会特征概括为“总体性社会”（孙立平等，1994；渠敬东等，2009）。

在“总体性社会”时代，经济、政治、文化和社会基本上是整合在一起的，在此基础上出现了学界所称的“政企不分”“政社不分”“以政代企”“以政代社”“政社合一”等现象。在单位制时代，单位承载着人们的福利、管理和生活等全方位的功能，兼具福利与控制的双重特性。在改革开放以前，我国社区管理长期实行一种行政全能主义的“亚社区”管理体制（徐永祥，2000）。行政全能主义体现了所有事务都由政府及其单位组织来承担，然而，“亚社区”这一特殊社区形态则体现了这一时期“社区”并未真正形成，其只是地域

意义上的居住空间，单位大院就是这种"亚社区"的主要形式，它主要承载着单位组织对所属员工及其家庭成员进行福利提供和管理的基本功能，而作为"单位人"的个人和家庭与大院里的其他人对于单位大院内的公共事务则较少有联结或集体行动。

然而，这种总体性社会在面对社会结构转型和经济体制转轨时出现了诸多不适应现象，集中体现在社会转型期社区管理出现的体制性矛盾上。一是单一行政化的管理主体与多元化管理现实需求之间的矛盾；二是政府行政体系中条与块的矛盾；三是由于全能型政府体制下"社会"的缺位，导致许多社会领域的议题难以得到及时有效的解决，而这些领域恰恰大量存在着"政府失灵"和"市场失灵"的真空地带。例如，在市场经济的推动下，以东部城市为中心的城市化发展具有显著的虹吸效应，催生了农村剩余劳动力大量外溢进入城市，加剧了社会的流动，形塑了中国现代化进程中的"流动社会"的独特景象。同时，单位制背后的计划经济体制难以解决人民日益增长的物质文化需要与落后的社会生产力之间的矛盾，在中央推动下，我国的经济体制逐渐从计划经济向市场经济转轨，在此过程中，大量国有企业、集体企业要么倒闭，要么解组，要么改制，导致大量"单位人"下岗失业，还有一部分较早退休的人员随着单位制的解体出现了"退休后无保障"的现象。此外，由于原有单位管理体制的变动，"单位人"逐渐脱离强有力的管理体系，成为个体化明显的"松散的个人"，这一时期存在着诸多不稳定现象，犯罪率上升、吸毒、未成年人犯罪、基层干群关系矛盾等问题充斥着中国基层社会。

面对单位制解体过程中衍生的一系列问题，加快社会体制改革创新被提上日程，如何进行有效回应，成为国家层面以及地方各级党政直面的棘手问题。上海作为改革开放的前沿阵地之一，最早面临着上述"阵痛"，进而较早地结合上海实际，积极探索构建应对社会变迁与社会问题的新型社区体制。这种新型社区管理体制即"两级政府、三级管理、四级网络"的上海模式，它通过建立市—区两级政府、市—区—街/镇三级管理以及市—区—街/

镇—村/居四级网络的城市管理体制和组织运行架构，来回应市场化、城市化、工业化进程中的多元复杂问题。其中，在“四级网络”中的村/居层面，通过多维路径聚焦“社区”的生产：一是通过调配一部分原先担任企业单位或工厂车间的中层干部到社区担任书记或主任，将原有的单位管理经验延续到社区管理之中，并发挥这批干部曾经作为“单位人”或“干部”的身份认同优势进行“社区建设”(徐选国、唐晓琦，2020)；二是推动社区工作者队伍建设，从最初业余或志愿性质的队伍向专职化队伍转变，提升社区工作者队伍回应基层社区管理的能力；三是加强增量改革，在原有社区工作者队伍之外，大力培养专业社会工作者，推动专业社会组织培育和发展，与社区工作者一道形成回应转型背景下基层社区多元矛盾问题的重要机制。

可见，面对传统社会管理体制在因应新的时代巨变背景下所产生的各类问题，社会体制改革创新迫在眉睫。二十一世纪以来，社会转型、社会发展的结构需求驱动了原有的社会管理体制改革创新，一种迈向“社会的生产”(沈原，2007)、“政社分工与合作”(徐永祥，2006)的社会体制改革拉开了序幕。其中，积极推动专业社会工作者、社会组织融入原有社区体制的“三社联动”“五社联动”实践成为社会体制改革的重要标志。

二、“三社联动”：因应社区治理问题的“体制建构”

(一)“三社联动”的概念源流

从计划经济向市场经济体制的转轨意味着原来国有企业大量福利保障和管理职能要剥离出来，促进政企分开、社企分开。那么，谁来承接大量人群的社会服务保障及管理功能呢？随着单位制不断式微，街居制、社区制成为新的替代性体制(何海兵，2003)，后两者都以“社区”为场域和阵地进行社区管理和服务。因此，为了更好地应对单位制改革所遗留的问题，“社区”逐渐成为改革开放以来应对大量社会问题的关键主体和核心场域。然而，转型初期的社区干部主要由非职业化、非专业化的人员来担任，且存在着社区单位化、行政化等特征，他们在回应市场化进程中的诸多问题时显得力不从心。

二十世纪八十年代中期,我国民政部开始推进社区服务,但由于这一阶段经济发展处于体制转轨初期,在缺乏经济基础的背景下更加注重社区互助性服务、商业性服务,而不是福利性、公益性社会服务。这体现了当时“社区服务社会化”所强调的一种福利责任向社会转移的现实抉择,然而,这一时期社会力量尚未发育起来,导致社区服务的推进存在深层限制。二十世纪九十年代初,民政部进一步采取行动推动社区建设,在此背景下,全国范围内不同地方进行了大量社区建设探索,出现了“上海模式”“沈阳模式”“江汉模式”等。这些社区建设模式的探索,体现了政府管理重心下沉的特点,逐渐有了居民自治、关注社区弱势人群的实践。然而,这种社区建设体制更主要是政府行政体制内的行政权力和职能调整,并没有解决政府在社会领域内“政社不分”“以政代社”“政社混淆”的现象,出现了“只见政府、不见社会、不见居民”的情形(徐永祥、曹国慧,2016)。如何真正发现“社区”,发现“社会”,发现“人”,需要对原有行政化社会管理模式进行改革创新,探索符合时代期许的新型社区管理体制。

为了更加有效地应对基层管理体制性矛盾,回应社会需求,徐永祥教授早在2000年就指出,社区建设要积极建立职业化、专业化的社会工作制度,要培育社会工作机构、充分发挥社会工作机构在社区建设中的作用。他进一步指出,社区建设要引入专业社工、社会工作机构,要尽快建立社会组织、社工进入社区的制度框架,要建立社区、社会工作机构、社工的“互动”机制。这是对“三社联动”概念的最早阐述(徐永祥,2004)。2004年,社区、社会工作机构、专业社工“三社互动”被上海市民政局采纳,提出了社区、社工、社团“三社互动”概念,形成了“以社区为工作平台、以社工为队伍抓手、以社团为组织载体”的分工合作思路。后来,随着对社区治理认识的加深,民政部将“三社互动”的提法改为“三社联动”,更为强调三者之间的联结和协调。

（二）“三社联动”的核心意涵

“三社联动”是一种关系取向的治理体制，核心在于优化政社关系，致力于促进社会体制改革创新。“三社联动”已成为基层社会治理的重要命题，其在本质上体现了国家与社会在基层治理实践中的互动逻辑（徐选国、徐永祥，2016），因此，从本质上讲，“三社联动”体现了一种体制建构和体制创新，蕴含着明显的政社关系从原先“以政代社”“政社不分”的单一体制向“政社分开”“政社分工与合作”“政社团结”的合作体制转变。笔者曾基于对上海、深圳等地“三社联动”的经验调查发现，“三社联动”试图淡化国家与社会之间的二元性结构关系，从本体论嵌入和方法论嵌入建构了“双重嵌入”的分析框架，以重构基层治理实践中政社互动的宏观逻辑，并将社区纳入国家与社会关系分析架构之中，以探究政社互动的微观机制。研究表明，在社工、社会组织与地方权力主体（社区、街道）的合作治理过程中，形成了从“嵌入”“反向嵌入”到“双重嵌入”的机制演变，主导这种机制变迁的根本动因在于：不同主体共同遵循了“社区嵌入社会”的内在逻辑，这与部分地方探索“让社区回归社会”的实践意涵内在相通（徐选国，2015）。“社区”作为关键要素重塑了地方国家与基层社会的关系格局，在实践中促进了国家与社会从二元对立向二重共生的关系转变，其中，社会工作在基层社会治理中通过社会理性的彰显，积极发挥着整合性建构的功能。

2017 年《中共中央 国务院关于加强和完善城乡社区治理的意见》指出，要推进社区、社会组织、社会工作“三社联动”，完善社区组织发现居民需求、统筹设计服务项目、支持社会组织承接、引导专业社会工作团队参与的工作体系。质言之，“三社联动”是我国现代化进程中作为回应社会问题而形成的一种体制创新，“三社”中的社区具有十分明显的政治性、行政性或国家性，遵循的是政治路径依赖，而社会组织、社会工作者则具有专业性、社会性和公益性，遵循的是社会路径依赖。在原有以社区制为核心的社区管理体制基础上大力发展社会工作者队伍和社会组织，实质上意味着一种“社会的生长”逻辑，政治化路径与社会化路径的跨界联动与共治行动，突破了以往以政府为单一管理主体的格局，实现了政社多方对话、协商、互动、合作的多元治理格局。因此，"三社联动"的提出，既是回应中国转型背景下所产生的社会问题的有效方式，也是在中国式现代化进程中所形成的一个极具智慧的本土概念。

（三）"三社联动"的实践限度

需要指出的是，"三社联动"虽然是一次社会体制创新探索，在激发社会活力、促进"社会的生长"等方面起着重要作用，然而，其实践行动却不是一帆风顺的，"三社联动"在推进过程中依然出现了一些不可忽视的悖论现象：

一是"主体重叠"现象，部分地方为了贯彻上级有关"三社联动"的政策要求，在社区、社会组织、社工等要素尚不健全的基础上盲目推进"三社联动"，将任务压在社区（居委会）层面，社区居委会要同时扮演社区、发起成立社会组织、将社区工作者转化为社会工作者的"三合一"角色。这种"三社"即"一社"的现象可以称为"三社联动"在政策执行过程中的"主体重叠"现象。这种现象的主要问题在于，"只见社区，不见社会"，而这里的社区主要指的是代表党委政府的党组织和居委会，社会则指的是社会组织（社区社会组织）、专业社会工作者等社会力量。这种情形反映了基层政府在政策执行过程中的选择性或权宜性策略（杨爱平、余雁鸿，2012），容易产生"华而不实"的虚假繁荣后果。

二是"体制反弹"现象，部分地方在探索和执行"三社联动"政策时，积极引入专业社会组织和社会工作者承接原本由社区承接的许多行政性事务，形成了社区、社会组织、社工分工合作、有机联动的格局。然而，这样的政社关系格局没有得到普遍认可和持续推进，而是出现"反弹"现象，即已经委托给专业社会组织承接的社区事务退回到原先由社区工作站直接负责的状态，导致初具雏形的"三社联动"机制创新不得不走回头路。

三是"规定动作"现象，部分地方将上级有关"三社联动"的政策变通为"三社工作"，直接纳入对地方政府的考核之中，这就意味着原本强调政社之间联结与互动的"三社联动"变成行政职能部门的"规定动作"，导致"三社联动”机制在理想与现实之间存在显著张力，最终变成行政化的考核指标。这意味着原本属于同时促进政社双重赋能的“三社联动”逻辑不得不出现再行政化或行政化再生产的趋势。

造成上述多重悖论现象的深层机理是什么呢？一是政社分工与合作的体制尚未正当化、合法化，导致“三社联动”实践具有局部性和片面性，难以广泛深入地推广开来；二是受过去主导性的国家与社会二元关系视角的影响，导致地方政府在培育、推动社会力量发展时存在顾虑，通常采取保守的做法，导致“三社联动”难以真正实现跨界合作与有机联动；三是“三社联动”未被纳入党建引领基层治理的核心议程之中，在基层治理体系之中缺乏应有的结构性位置，导致实践中的“三社联动”被边缘化甚至被当成一种行政化指标；四是“三社联动”弱化了资源的再生性维度，在“三社联动”框架下资源主要来源于政府，容易形成资源依赖或单一资源来源所造成的限制，忽略了“社会”领域的资源注入以及资源可持续性，最终导致因资源依赖、行政路径依赖而出现的“三社联动”产生了形式化运行。从根本上讲，“三社联动”的提出具有时代必然性，然而，“三社联动”在推进过程中所面对的一系列限制，也是时代情境的写照。这意味着，当前背景下，“社会”远远没有成长起来，抑或“社会”仍处于抑制性发展状态之中。

三、“五社联动”：基层治理新形势下的“生态建构”

“三社联动”的重要理论意义在于，它突破了长期以来“社会”缺失而形成的政社不分、以政代社的单一行政主体体制，致力于通过积极培育社会组织和社会工作者以推进“社会的生长”，并通过社区、社会组织、社会工作者的联动，形成政社之间跨界连通的机制，构建了良好的政社关系，是对传统体制的创新。然而，“三社联动”在实践中存在的上述困境不仅仅以单一形态出现，有时甚至会以复合形态出现，进而在基层治理常规议题以及突发重大危机事件中难以积极有效应对，易出现如体制机制不顺、社区活力不足、社会资源配置通道受阻等问题，“五社联动”作为一种延续性和扩展性机制被推上基层治理的历史舞台。

（一）"五社联动"概念的提出及其内涵建构

2021年，《中共中央 国务院关于加强基层治理体系和治理能力现代化建设的意见》（以下简称《意见》）出台，强调"完善社会力量参与基层治理激励政策，创新社区与社会组织、社会工作者、社区志愿者、社会慈善资源的联动机制"。虽然该《意见》没有直接提出"五社联动"这个概念，但是关于社区、社会组织、社会工作者、社区志愿者、社会慈善资源的联动确实与2020年重大突发公共卫生事件暴发后国家及地方民政部门提出的"五社联动"一致，因此，各界倾向于将上述《意见》视作中央层面对"五社联动"的专门规定，进而成为各级民政部门、社会服务机构以及基金会共同推动执行的政策依据。

与"三社联动"的概念进行比较后不难发现，"五社联动"概念中增加了社区志愿者和社会慈善资源两大要素，这是"五社联动"承继并超越"三社联动"的重要原因，即"五社联动"既注重激发社区居民活力，强调居民在基层治理中的主人翁意识和主体性地位，又注重各类社会慈善资源的注入，包括多元主体提供的各类资源都是基层治理的重要支撑条件。因此，增加社区志愿者意味着在基层治理中"找回居民""找回人"，突出了社区居民从原先被动接受服务和被动参与向主动参与、主体自觉转变；增加社会慈善资源意味着基层治理不仅仅依靠原有的政府公共财政资源，同时还需要激发社会活力共同参与，形成共建共治共享的社会治理共同体。因此，在很大程度上，"五社联动"并不是狭隘的"五社之间联合"的含义，而是多元主体有机联动的意涵。那么，各个主体之间是什么关系？"五社"之中不同要素的角色分别是什么？

笔者认为，"五社联动"是跨界联动，很大程度上是代表党和政府的社区与代表社会力量的社工、社会组织、社区志愿者、社会慈善资源之间的联动。这里之所以特别提到社区代表党和政府，主要是在行动者意义上讲的，社区更多指的是党组织或村/居委会。在"五社联动"行动框架中，社区代表着党组织或村/居委会，主要体现了党政性，而代表村/居民自治组织的村/居委会的意义在此语境下体现较弱。因此,“五社联动”是党政主体与社会力量之间的联动,这是对“五社联动”的基本认识前提。进一步讲,要实现“五社联动”,根本要求是要坚持党建核心引领。为什么这么讲呢?因为党建引领是促成党政主体与社会力量之间实现跨界联动的关键动力。“三社联动”的政策框架虽然体现了政社之间的关系建构,但对党建核心引领的强调不足,而“五社联动”内在地强调多元主体有机联动,突出了党建引领对于“五社联动”机制有效参与基层治理的关键作用。因此,“五社联动”并不只是从某一个主体的角度自下而上来推动,更需要作为整体的系统工程通过党建引领自上而下地推动。

在“五社联动”中,“社区”是最重要的要素,主要体现在两个方面:一是社区的主体意涵。如前所述,社区更多代表着党和政府在基层社区的行动意志和资源配置,在很大程度上社区党组织和村/居委会有形无形地掌握着某些政治或行政权力,它们不仅是社区治理的关键权力主体,同时也掌握着丰富的资源。如果社区不动,即使其他主体在动,也并不是真正意义上的“五社联动”。如果社区不动,其他主体就难以触及社区的真需求、真问题,也难以有效整合社区内外的资源体系,进而无法体现基层治理效能。二是社区的目标意涵。社区在“五社联动”中的第二重含义体现在目标建构上,即“五社联动”最终指向的落脚点是回应生活于社区之中人的需求、解决社区急难愁盼的问题、促进社区团结和社区凝聚、助力基层治理体系和治理能力现代化。可见,“五社联动”的机制运作与实践推进要坚持“从社区中来,到社区中去”的行动逻辑,如果缺乏对上述两个层面的社区内涵及其重要性的把握,将无法真正推动“五社联动”有效运转。

在“五社联动”中,社会工作者是最具能动性的主体。社会工作者要主动与社区党组织和村/居委会建立好关系,以寻求信任与行动空间,进而获取更多社区资源,在党建引领下,推动社区组织生态构建、培育赋能社区志愿者、整合社区公益慈善资源网络。需要指出的是,社会工作者不是也不能成为“五社联动”的关键主体,这是因为他们不具有联动各方主体的职能,也不具备调动多元资源网络的优势，因此，现实中过分强调社会工作者在"五社联动"中的预期作用，实则会遇到各种各样的问题和障碍。即使实践中有一部分社会工作者参与的"五社联动"项目较为成功，这背后也蕴含着不可忽视的基层党政主体因素。

质言之，要将"五社联动"纳入基层党委政府工作的中心议程之中，从各级党委政府顶层设计的角度来推进"五社联动"，确立党建引领"五社联动"的根本工作格局。"五社联动"作为治理机制，既是"五社"的联动，更是"党政社企民"的多元联动，是一种理念、一种方法、一种途径，本质上是促进美好社区建设。基层社会治理的核心是人，这就要求"五社联动"要找回人、联结人、帮助人、改变人，在实践中推进社会文明进程，根本宗旨是助推人民对美好生活的追求能够得到落实，这与中国式现代化本质上是人的现代化的内涵具有内在一致性。"五社联动"是激活社会活力、整合社会资源、创新基层社会治理体制机制的重要力量，本质上致力于打造基层社会治理生态，构建共建共治共享的社会治理共同体。"五社联动"项目实践在某种程度上是朝着社会问题解决、社会治理创新、社会保障体系构建，以及社会文明进步的一项社会实验，这项实验需要各级党政部门高度重视，政府与社会各方力量达成共识、通力合作。

（二）"五社联动"参与基层治理的内容体系

结合笔者参与的大量"五社联动"项目实践及评估经验，我们对实践中"五社联动"参与基层治理的具体内容进行了梳理，主要体现在以下五个方面：

一是搭建党组织核心引领的"五社联动"行动框架，将"五社联动"纳入基层党政主体的核心工作议程之中。基层治理是一项牵一发而动全身的系统性工程，"五社联动"参与其中能否凸显效能，关键取决于"五社联动"机制是否处于基层治理的核心结构性位置。实践表明，将"五社联动"纳入基层治理核心议程之中加以推进，能够有效打通基层多元主体之间的关系，较好地助力基层治理体系和治理能力现代化进程；反之，如果其没有处在明确的结构性位置，没有系统化的“五社联动”实践行动设计，则难以在基层治理中发挥应有效能。依笔者之见，在目前中央层面关于基层治理和“五社联动”的顶层设计基础上，应该形成以省、直辖市为单位进行“五社联动”参与基层治理总体性政策框架，并在市、区层面形成更为具体的行动规划指引，并以乡镇（街道）为单位，依托本级党委核心引领，构建“五社联动”参与基层治理的实施方案，最终落地到每一个社区，社区/村级党组织应成为城乡社区场域中“五社联动”推进的关键主体。目前仅有少数省市构建了不同层级纵向推进的制度体系，亟须在更大范围内推广。

二是社区基金（会）建立、运营与管理。社会慈善资源是“五社联动”的重要构成部分，也是区别于“三社联动”的重要维度。为了凝聚社区以及更广泛的社会资源，组建社区基金（会）是有效的平台和载体。社区基金（会）不同于传统的基金会或其他公益慈善组织，后者让普通人觉得离自己很遥远，而社区基金（会）则是以社区为中心的资源整合平台，是居民身边的“资源蓄水池”，能够激发社区慈善文化意识、激励社区居民慈善行为、促进居民对社区公共议题的参与。因此，社区基金（会）的筹建与运行，能够打通居民参与基层治理的“最后一米”，形成人人公益、人人慈善的文化基础。同时，为了促进社区基金（会）有效运行，需要组建由在地党政部门代表、村社区支部书记、辖区“两个代表一委员”、企业管理者代表、社工和社区居民代表等多元主体构成的社区基金管委会，促进社区基金（会）机制顺畅运行。此外，通过线上线下多元方式，充分发挥社区基金（会）筹集资源的优势，为“五社联动”参与基层治理提供可持续和造血式的资源体系。目前，社区基金主要由挂靠在辖区内具有募捐资格的慈善组织进行专项筹资，而社区基金会则可以直接面向辖区居民和有关单位进行资源筹集。社区基金（会）是“五社联动”参与基层治理中资源整合的重要载体，除了面向辖区单位和居民，还可以扩展到更广泛的主体，形成多元化的社会慈善资源网络体系。

三是培育、激活社区社会组织，提升基层治理效能。社区社会组织是将实践中碎片化的个人组织起来并发挥合力的一种组织载体，它区别于法人性质的社会组织,是有相似经历、兴趣和使命的人结合起来的一种组织形式。目前,社区社会组织日益成为基层治理的新兴力量,是“五社联动”的有机组成部分。为推动社区社会组织在创新基层社会治理中更好地发挥作用,民政部出台了《培育发展社区社会组织专项行动方案(2021—2023年)》,引导社区社会组织在提供社区服务、扩大居民参与、培育社区文化、促进社区和谐等方面发挥积极作用。实际上,在国家层面积极推动社区社会组织制度建设之前,不同社区场域中已存在许多居民团队,但它们主要是受兴趣驱动的自娱自乐组织,对于社区议题的参与不足,缺乏社区性和公益性。政府驱动的社区社会组织更致力于发挥其治理效能,这不仅可以提升社区社会组织的社区性、公益性和公共性,彰显社区社会组织的自治和社会属性,同时,通过有意识地组织培育厚植社区社会资本,能够为基层治理培育一股新生力量。“五社联动”蕴含着主体、资源、机制、生态等内涵,因而社区社会组织的培育、发展、功能发挥等亟须可持续社区资源的支撑,而社区基金支持可为社区社会组织有效发展和作用发挥提供重要保障。

四是加强志愿者培育与活化,提升社区居民主体性。“五社联动”注重社区志愿者培育与活化,实质上是不断提升社区居民的参与意识及其在基层治理中的主体性。在很大程度上,居民应成为基层治理的关键力量,尤其是在一些重大危机事件中,居民参与、居民自助与共助是应对突发重大危机的重要途径。然而,在常态治理实践中,居民总是抱持“事不关己高高挂起”的心态。为什么普通人在日常社区实践中如此不愿意参与公共事务,而在一些特殊事件发生时才会参与其中?笔者认为,居民对于与自身利益无关或关系不明显的事件倾向于选择不过问或者少过问的态度,而对于与自己有利益关涉的事情则会较为重视,这主要体现在社区日常纠纷或前述所谈到的突发应急事件中。那么,这是否意味着常态化社区公共事务治理陷入了某种困局之中?换言之,在“利益”取向的行动逻辑之外,社区居民如何形成更为自然的、持续的、公共的志愿取向?有学者指出,发挥社区党组织核心引领优势,深化党组织与居民群众的联结,促发居民群众的心理反应机制，进而促进居民的情感性政治认同（王浦劬、汤彬，2020），是激发社区志愿精神和提升居民主体性的重要途径。“五社联动”中志愿者的培育与主体性彰显，需要在党建引领的总体框架中推进，发挥专业社会工作者的专业赋能优势，借助社区基金资源，为社区志愿者持续参与基层治理提供多维资源。

五是专业社工配置与成长。笔者认为，社会工作者参与“五社联动”的根本前提是在社区党组织引领推动下进行发力，并应具备以下能力。其一，能够从系统性和生态性的角度理解基层社会治理的能力。社会工作者参与基层社会治理不是孤立的，要把社工的服务行动与基层社会治理生态紧密结合起来。其二，具备与基层社会治理的关键主体建立关系的能力。能够打通与在地党政部门、村/居两委的关系，主动融入基层社会治理系统之中，积极参与基层社会治理。其三，能够站在党委、政府、社区角度理解其核心工作的能力。社会工作者所进行的服务行动要与党政主体的核心工作结合起来，只有对党政主体的中心工作有益，社会工作才会有更大的作用空间。其四，能够借助党政资源优势更好地整合资源、发挥专业效能的能力。社会工作不是万能的，其根本目标与党政主体目标一致，社会工作者通过党建引领，借助区域化党建网络优势，反向借助党政势能和优势，可以为更好地进入社区生活场域获得更充分的资源，进而提供精准化服务，这是党建引领社会工作的题中应有之义。其五，能够盘活“五社”等多元要素和各自服务基层社会治理的能力。“五社联动”并不是狭隘的“五社”之间的联动，而是注重基层治理不同主体（社区、社区社会组织、社区志愿者、辖区单位、线上捐赠主体等）的联结、互动、共建共治共享，社会工作者在其中可以不断激活社区志愿者活力，为社区社会组织赋能，培育社区慈善文化，进而促进基层社会治理生态网络的形成。因此，社会工作者要把自己放在基层治理生态中去理解，要把自己作为基层治理生态网络的有机构成（徐选国、王寒温、杨彬，2023）。

可见，“五社联动”不是简单意义上的“五社”相加，而是强调构建党建引领多元力量形成社会治理共同体，优化基层治理生态，提升基层治理现代化水平。

（三）"五社联动"参与基层治理的地方实践及多维成效

不少地方在"五社联动"参与基层治理方面进行了积极探索，如湖北省出台的《湖北省城乡社区"五社联动"工作指引》，在全省推进实施"五社联动"，在市、区级层面形成党建引领"五社联动"的总体制度框架，并具体以乡镇/街道为实施主体，制定符合辖区实际的"五社联动"参与基层社会治理行动框架。

重庆、成都、北京、上海、广州等地在推进"五社联动·家园助力站"社区基金助力基层社会治理项目实践中，探索创新党建引领"五社联动"体制机制，将"五社联动"纳入街道党工委、社区党委核心议程之中加以确立和推进，形成了街道党工委核心引领的"五社联动"行动框架，形成了"由内而外""自上而下"的推进路径，体现了"五社联动"参与基层社会治理的系统性、全局性。

上海徐汇区凌云街道梅陇三村通过党建引领"五社联动"机制构建，着力破解老旧社区长期面临的结构性问题，调动"五社"力量有序参与基层社会治理，发挥了积极效能，实现了从"垃圾三村"向"花园三村"的蜕变，探索出社区党组织核心引领"五社联动"参与基层治理的实践模式。

重庆市南岸区弹子石街道在推进"五社联动"参与基层社会治理时，发挥专业社工聚焦试点地区需求评估优势，坚持"五社联动"核心理念，借助在地优势建立"社工站＋爱心企业"联合执行的行动模式，采用多元化捐赠形式募集了大量公益慈善资金和物资，进而为孵化社区社会组织、培育社区志愿者队伍提供持续性的资源支持。此外，该街道积极发挥社会工作者的专业引领作用，通过专业社工深挖基层社会治理中的问题，进而通过直接专业服务或间接服务（培育赋能社区志愿者、社区社会组织等）助力基层社会治理。

近两年，民政部社会福利和慈善事业促进司（以下简称"慈社司"）与腾讯公益慈善基金会联合开展的"五社联动·家园助力站"社区基金助力基层社会治理项目积极发挥社区基金的"资源蓄水池"和社区公益慈善文化建设功能，通过每个试点建立社区基金，撬动更多公益慈善资源和社区公益慈善文化营造，实现社区治理资源可持续运用。

上海浦东新区金杨街道(前身为罗山街道)于1996年开始引入专业社会组织提供专业社会服务，经过近30年的社会组织发展及其在基层治理中的参与，形成了“五社联动”参与基层社会治理的良好生态，探索出社会组织在“五社联动”参与基层社会治理中的独特模式。

经过一系列探索，当前“五社联动”参与基层治理进程取得了一些积极成效：一是积极回应基层社会治理需要，推动了基层社会治理任务由模糊走向具体；二是增强基层社会治理力量，推动了基层社会治理主体从单一走向多元；三是激发社区居民主体意识，推动了社区治理参与对象从少数走向大众；四是关怀社区内的脆弱群体，推动了社区福利与服务模式从补缺转向普惠；五是聚焦基层治理效能，促进了基层治理从单一领域向系统性和生态性转变。目前，“五社联动”成为推动基层治理体系和治理能力现代化的重要机制，至于其在实践中面临的限制和困境，我们将留在后续系统的研究中加以呈现。

四、变与不变：从“三社联动”到“五社联动”的继替与创新

在“五社联动”提出之后，不少声音指出“五社联动”是对“三社联动”的取代。实际上，二者之间并不是一种淘汰式的取缔关系，而是一种递进式的继替和创新关系(如图1所示)。

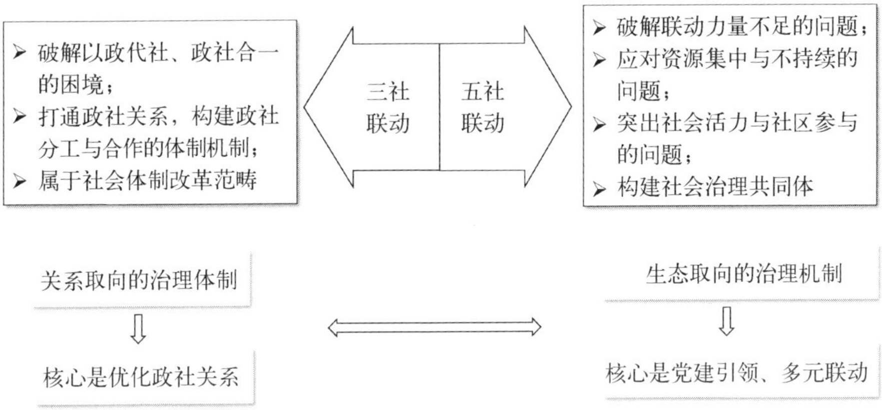

图1　“三社联动”与“五社联动”的关系

"三社联动"在促进政社关系从单向性向双向性转变的过程中发挥了不可替代的作用，通过积极培育社会组织、推进社会工作人才队伍建设，促进了社会力量的壮大，使之成为政府职能优化的重要合作伙伴。质言之，"三社联动"的核心目标是优化政社关系，致力于形成政社分工与合作关系，其本质上体现了国家与社会在基层治理实践中的互动逻辑。"三社联动"通过社区重构了国家与社会之间的关系，解构了之前将国家与社会视作二元对立的观点，重新实现了国家和社会的再联结，因而，可以将其视作社会体制改革的范畴。"三社联动"更倾向于优化政社关系，而对社会活力激发，尤其是社会大众、企业等各方主体在基层治理中的参与的关注稍显不足。比较显著的例子是，在"三社联动"的实践探索和政策推动过程中，主要以政府公共财政资金购买服务项目为主，在社会组织和社会工作者提供服务的资源来源方面相对单一，导致社会服务运行存在较明显的依赖性质。

"五社联动"是在"三社联动"的基础上形成的。如果说"三社联动"在体制上有突破，在基层治理中深化政府与社会力量的对话与合作上有重要贡献，那么，"五社联动"则更加强调在政社关系基础上延展到党社关系和更广泛的生态关系，这体现出以下几个特征：一是延续"三社联动"开创的政社关系体制创新格局，进一步扩展了社区志愿者和社会慈善资源等参与主体，强调基层治理需要所有主体共同参与；二是相较"三社联动"更强调政府主导下的政社合作关系，"五社联动"则突出党建核心引领，只有党建核心引领能够整合跨界多元力量的协同参与，进而构建出"党政社企民"共同参与的基层治理生态；三是相较"三社联动"对资源多元化和可持续性关注不够的情形，"五社联动"则十分注重资源的多元化来源，除了政府公共财政资金以外，还积极整合来自社会大众、企业、公益慈善组织的资金资源；四是相较"三社联动"将社区居民视作服务接收者而忽略了对居民主体性的激发，"五社联动"则强调居民参与基层治理的主体性角色，通过大力培育社区志愿者队伍和社区社会组织，为居民参与社区公共议题提供重要载体，进一步助推社区凝聚力和社区文明进程。

总体上看，“三社联动”与“五社联动”是政社多元主体参与基层治理在不同阶段的产物，共同构成当代中国基层治理链条上的两个重要环节。“三社联动”虽然在实践中存在一定的限制性因素，但这是特定历史脉络形塑的结果，其在社会体制改革创新方面的积极尝试，为“五社联动”进一步深化基层治理内涵、提升基层治理效能、促进基层治理现代化打下了重要基础。“五社联动”虽然在内涵和外延上与“三社联动”有一定的差异，然而，从本质上看，二者存在紧密的延续性、继承性。在“三社联动”的基础上，“五社联动”进一步彰显了中国式现代化视域中基层治理的独特内涵，是基层治理理论本土化和中国化的重要探索。

参考文献

[1] 孙立平，王汉生，王思斌，等. 改革以来中国社会结构的变迁[J]. 中国社会科学，1994(2)：47－62.

[2] 渠敬东，周飞舟，应星. 从总体支配到技术治理：基于中国 30 年改革经验的社会学分析[J]. 中国社会科学，2009(6)：104－127.

[3] 徐永祥. 社区发展论[M]. 上海：华东理工大学出版社，2000.

[4] 徐选国，唐晓琦，杨威威. 制度变迁、角色建构与国家—个人关系的演化逻辑：基于对上海“社嫂”的口述史研究[J]. 社会发展研究，2020，7(2)：217－241.

[5] 沈原. 社会的生产[J]. 社会，2007，27(2)：170－191.

[6] 徐永祥. 政社分工与合作：社区建设体制改革与创新研究[J]. 东南学术，2006(6)：51－57.

[7] 何海兵. 我国城市基层社会管理体制的变迁：从单位制、街居制到社区制[J]. 管理世界，2003(6)：52－62.

[8] 徐永祥，曹国慧. “三社联动”的历史实践与概念辨析[J]. 云南师范大学学报(哲学社会科学版)，2016，48(2)：54－62.

[9] 徐永祥. 城市社区建设的体制创新与社会工作[J]. 探索与争鸣，2004(12)：22－23.

[10] 徐选国，徐永祥. 基层社会治理中的“三社联动”：内涵、机制及其实践逻辑：基于深圳市 H 社区的探索[J]. 社会科学，2016(7)：87－96.

[11] 徐选国. 嵌入性治理：城市社区治理机制创新的一个分析框架：基于对国

家-社会关系范式的批判性反思[J]. 社会工作，2015(5)：55－64.
[12] 杨爱平，余雁鸿. 选择性应付：社区居委会行动逻辑的组织分析：以G市L社区为例[J]. 社会学研究，2012，27(4)：105－126.
[13] 王浦劬，汤彬. 基层党组织治理权威塑造机制研究：基于T市B区社区党组织治理经验的分析[J]. 管理世界，2020，36(6)：106－119.
[14] 徐选国，王寒温，杨彬. 社会组织参与基层社会治理生态构建的机制研究：以上海市Y街为例[J]. 社会治理，2023(3)：58－69.

第一章　朝向社会理性:“三社联动”的理论阐释

我们正在迈向一个治理的时代。同时,社会正处于一种高速流动、高度异质性的状态。如何寻求一系列应对这种新型社会形态及其问题的治理策略,应成为当前各级政府和社会各界的共同议题。本章的核心研究问题在于:原先扮演个体与国家之间桥梁、纽带角色的“单位”解体之后,有无一种或多种组织化机构继续作为个体困扰与公共议题之间的联结机制,以使得基层社会治理从无效走向有效。笔者尝试通过“三社联动”议题,从微观社会领域回应基层治理中的一系列难点和困境。本章从社区建设、社会组织发展以及社会工作服务视角阐释“三社联动”何以成为基层治理有效运行的创新机制。相较于一种抽象的“社会治理体制创新”而言,笔者认为,“三社联动”是一种促进社区治理创新的具体实践机制,其中,“社会性”应成为破解当前基层社会治理实践困境的核心。

“三社联动”是基层社会治理的有机组成部分,因此,它并非仅仅是“三社"之间的互动关系，在本质上，它是国家与社会在基层治理实践中的互动逻辑，旨在实现基层治理的社会化目标。基于长期以工具理性为价值导向的社会管理政策及其实践存在诸多限制，笔者认为，当前及未来的社会治理政策和实践应该坚持社会理性的原则。本章通过对"三社联动"在基层社会治理实践中的理论建构，提出将社会理性作为"三社联动"的重要理论视角，作为基层政府与社会力量协同共治、合作互动的根本原则。

第一节 "三社联动"的内涵与实践

一、研究缘起

过去30年，中国社会处于历史上前所未有的变化之中，有学者将这种变化称为"千年未有之大变局"（曹锦清，2006）。相对于经济发展的巨大成就而言，社会建设滞后的问题仍然十分凸显，表现在社会冲突日益增加，价值分歧日趋加重，人际信任日渐式微，风险多重与行为不确定性增加并行，社会情绪日益朝着政治化方向表现等（张静，2016）。越来越多的人开始意识到，经济增长虽然能够为社会发展提供物质基础，但是并不会直接导向全面的社会进步。在这一时代背景下，党和国家提出"社会治理"的重大理念，以应对社会领域中存在的诸多困境和问题。

党的十八届三中全会在有关"社会体制改革"时指出，要"紧紧围绕更好保障和改善民生、促进社会公平正义深化社会体制改革，改革收入分配制度，促进共同富裕，推进社会领域制度创新，推进基本公共服务均等化，加快形成科学有效的社会治理体制"。同时，在"创新社会治理体制"的论述中指出，要通过系统治理、依法治理、综合治理和源头治理改进社会治理方式，要"正确处理政府和社会关系，加快实施政社分开，推进社会组织明确权责、依法自治、发挥作用"，以激发社会组织活力，并进一步强调创新有效预防和化解社会矛盾的体制，健全公共安全体系。[①] 同时，社会治理创新成为中央关于全面深化改革总目标——完善和发展中国特色社会主义制度，推进国家治理体系和治理能力现代化——的重要构成。这无疑是长期以来改善"无社会"或者"无社会建设"状况的一次飞跃，也在理论和实践两个维度上体现出从传统"社会管理"向新型的"社会治理"的重大转变。当然，学术界对"社会治理"概念的解读存在着差异：郑杭生(2014)将"社会治理"的提法变化和普适治理原则联系起来，将"社会治理"的核心点聚焦为由国家力量和社会力量，政府、社会组织和公民，共同来治理或管理一个社会；王浦劬(2014)则指出，社会治理实际上指的是治理社会，是特定的治理主体对社会实施的管理，是在党委领导、政府负责、社会协同、公众参与、法治保障总体格局下的、中国特色的社会管理，因此，社会治理本质上是国家政治权力和政府治理权力的运用；王思斌(2014)则在此基础上指出，社会治理是社会管理的深化，它是政府管理社会系统的新探索，是政府自我完善的过程，也是社会管理系统的进化过程。

从上述三种论点中不难看出，有关"社会治理"的内涵仍然存在比较明显的差异，从这个意义上讲，"社会治理"尚未经过"制度化"过程而成为一种"广为接受的事物"。在现实中，与"社会治理"的提出密切相关的是，许多地方在原先使用管理概念的基础上广泛地使用"社会治理"或"社区治理"的概念，与此同时，不断加大社会组织的培育力度，通过政府购买服务的方式加快实施政社分开的进程。这种做法尤其在珠三角地区较为明显。从总体上看，在全球化、工业化、市场化、信息化、城市化日益发展的今天，我们的社会正处于一种高速流动、高度异质性的状态，如何寻求一系列应对这种新型社会形态及其问题的治理策略，应成为当前各级政府和社会各界的共同议题。

在上述背景下，有学者进一步指出，之所以从前的社会管理相对有效，

① 《中共中央关于全面深化改革若干重大问题的决定》，人民出版社 2013 年版，第 49—51 页。

是因为中华人民共和国成立后建立了一套稳固的政府—单位"双重治理结构","单位"使得"个体与公共"之间得以联结。而市场化以来,单位制日渐式微,流动化的社会缺乏类似于"单位"一样的组织化通道,使得个体直接面对国家,进而出现了一些民众(个体或群体)直接指向国家(政府)的事件。这使我们必须深刻反思传统的双重治理结构瓦解之后,能否形成一种新的替代性组织化通道,而这应是当前面对基层社会治理难题的关键(张静,2015)。其中的核心问题在于:党和政府多大程度上能够为形成一种公正平等的社会形态提供政策方向和制度保障。因此,本章的核心研究问题在于:原先扮演着个体与国家之间桥梁、纽带角色的"单位"解体之后,有无一种或多种组织化机构继续扮演个体困扰与公共议题之间的联结机制,以使基层社会治理从无效走向有效。

基于此,笔者尝试结合民政部近年来提出的"三社联动"这一议题,从微观社会领域回应基层治理中的一系列难点和困境。本章从社区建设、社会组织发展以及社会工作服务视角阐释作为一种替代性路径的"三社联动"何以能够成为基层治理有效运行的创新机制。目前,一些地方虽然日益重视"三社联动"的必要性、重要性,并出台了相应的制度文件,但是,我们深入分析后发现,这些实践仍然普遍存在着"形大于神"的现象,即"三社联动"没有成为基层队伍创新工作的重要手段,反而成为现有体制基础上的一种新的"任务"或"负担"。更有甚者,"三社联动"工作最终集中在社区层面,由社区居委会同时扮演社区、社会组织和社工的角色,出现了"三社"实为"一社"的内卷化情形。相较于一种抽象的"社会治理体制创新"而言,笔者认为,"三社联动"是一种促进社区治理创新的具体实践机制,其中,"社会性"应成为破解当前基层社会治理实践困境的核心。

二、"三社联动"的多重内涵

目前,有关"三社联动"的研究逐渐与基层社会治理议题联系起来。比如,徐选国等人指出,"三社联动"作为基层社会治理的重要命题,其在本质上体现出国家与社会在基层治理实践中的互动逻辑，因而，“三社联动”本身并非字面意义上的“三社”之联动，而是在以社区为核心场域基础上形成的新型的国家与社会关系（徐选国等，2016）。但是，目前学界、实务界有关“三社联动”的内涵认识仍然存在分化和差异，进而影响了“三社联动”与基层社会治理的互构性关系。在进入具体实证研究场域之前，我们有必要对“三社联动”的内涵进行历时性梳理，以窥探“三社联动”内涵之动态演变，为探究“三社联动”之于基层社会治理的功能定位、作用机制及其二者的逻辑关系提供必要的参考依据。

（一）“三社联动”的早期论述

在实践中，社区体制改革成为“三社联动”得以提出的最初契机，这一契机主要体现在二十世纪末到二十一世纪初的上海社区建设实践中。在理论与实践的双重作用下，徐永祥教授（2004）早在 2000 年就提出了“社区建设要积极引入职业化、专业化的社会工作制度，要培育社会工作机构、充分发挥社会工作机构在社区建设中的作用”。同时，在 2003 年由上海市民政局主办的“社区建设与社会工作研讨会”上，徐永祥教授进一步指出，“社区建设要引入专业社工、社会工作机构，要尽快建立社会组织、社工进入社区的制度框架，社区、社会组织、社工要建立‘互动’机制，要形成‘联动’效果”。可以说，这是学术界有关“三社联动”概念的最早阐述。2004 年，上海市民政局提出了“社区、社工、社团‘三社互动’”的观点，这是在实务工作领域有关“三社联动”的最早阐释。可见，早期的“三社联动”雏形是将社区、社会组织和社工视为社区体制改革的重要力量，是为了应对刚性的社区管理体制而提出的一种新的体制创新。

（二）“三社联动”的中期论述

在后来的演绎中，“三社联动”逐渐成为学术界和实务界共同重视的议题。叶南客、陈金城（2010）认为，“三社联动”是指通过社区建设、社会组织的培育和社会工作现代化体制的建立，形成“三社”资源共享、优势互补、相互促进的良好局面，加快形成政府与社会之间互联、互动、互补的社会治理新格局,从根本上使各种社会矛盾和冲突在基层得到有效的预防和解决,实现社会的和谐发展。这个概念将社区建设、社会组织培育与社会工作现代化体制放在一起来讲,并强调社区、社会组织和社会工作之间的联动,更加注重“三社”的发展壮大以及优势互补,但从根本上讲,对“三社”为何要联动的内在机制没有加以阐释。陈丽、冯新转(2012)则认为,“三社联动”就是在政府的领导下,社区居委会带动社区居民参与社区活动,支持社会组织为社区居民提供全方位服务,促进专业社工介入社区建设和发展。这一定义将“三社联动”放在现有的政府行政主导下的社区管理框架之中,看似体现出居委会、社会组织和社工的各自分工,实质上缺乏对于居委会、社会组织和专业社工的联结机制。吕青(2012)进一步指出,“三社”是社区、社会组织和社会工作者的简称,其中,社区是平台,社会组织是载体,社会工作者是生力军,三社作用的发挥共同推动社区工作,旨在破解社区管理的现实困境。这一定义更加简化了社区、社会组织和社工之间的内在关系及其联结机制问题。郎晓波(2013)指出,“三社”意味着要发挥社区、社会组织及社工的作用,“联动”意味着在完善公共服务的同时,释放管理空间于社会,使其成为社会自主发展的滋生地。此概念将“三社”聚焦于社区、社会组织和社工,但是,关于“三社”如何联动的内在机制缺乏论述。可以看出,这一阶段的“三社联动”内涵,主要是在现有的社区管理模式下提出的,强调在现行社区管理模式下促进社区、社会组织和社会工作者的分工与合作,但深入地看,“三社联动”的内涵与现有的社区管理内涵并无实质性差异。

(三)“三社联动”的最新论述

自党的十八届三中全会提出“创新社会治理”以来,民政部在全国层面大力推动“三社联动”实践,进一步助推了学界与实务界对“三社联动”的更多关注。其中,学术界许多学者参与了对“三社联动”的研究和讨论。王思斌(2015)指出,“三社”是指社区居委会、社会组织和社工在社区服务、社区建设、社区治理方面联合行动、互相促进,实现各自职能和获得共同发展的过程。因此,“三社联动”就是在三方理性基础上的联合行动,是多方在寻求共同目标和最大共识基础上的协作与合作，强调谁有优势谁主导。这个定义虽然明确了“三社”在行动主体上的一致性，即社区居委会代表社区，与社会组织和社工联动，但是，在阐释“三社联动”的机制时，将焦点放在“三社”的理性联合行动上，可能与实践中社区居委会与社会组织、社工之间的利益分化及行动逻辑存在难以调和之处。换言之，社区居委会虽然作为一个“理性人”，但是，在现有体制下，它宁愿扮演基层政权的组织形式这一带有“体制”色彩的角色，也未必愿意真正与“体制外”的社会组织、社工一起采取社会化行动。①

徐永祥、曹国慧(2016)指出，“三社联动”是居委会、社会组织和社工在社区领域围绕社区居民开展的社区治理活动，其目的是提高居民福祉、实现基层民主、促进社区内生性发展；作为自治协商平台的居委会和项目运作载体的社会组织、专业服务提供者的社工之间均存在双向互动关系。这一定义强调了“三社”之主体及其双向互动关系，并指出目前“三社”在地位和关系结构上的不平衡关系。顾东辉(2016)在此基础上对以往“三社联动”的概念进行了解构，并指出以往概念中的“三社”存在着主体联动和要素联动，因此，“三社”是一个体现多维视角的复杂概念，并将主体、要素进行融合，实现“三社”之整体联动。这一观点从主体、要素两个维度丰富了人们看待“三社联动”的视角。李精华、赵珊珊指出，“三社联动”是指社区居委会、社会组织与社工之间的联动，这种联动是一个过程，其行动主体包括社区居委会、社会组织和社工，联动的场域是社区，联动的工作对象是社区居民，联动的目标是提高居民福祉、实现基层民主和促进社区发展(李精华等，2016)。这一定义从联动主体、联动过程、联动场域、联动工作对象、联动目标五个方面阐释了“三社联动”的内涵，相较其他定义而言更为全面，但是，该定义仍然缺

① 这种情形在基层治理实践中普遍存在，尤其是在许多地方推行政府购买社工服务的实践中，社会组织和社工必须将项目落到最基层的社区。目前普遍存在的困境是：社会组织和社工执行的项目在社区层面上受到阻拒，致使服务项目难以真正落地，导致社会组织和社工始终处于一种“悬浮式发展”状态。因此，我们认为，从社区居委会、社会组织和专业社工“三社”理性行动的角度来看彼此之间的“联动”是很难实现的。

乏对“三社联动”理论的机理阐述。

李文静、时立荣指出,“三社联动”是社区治理改革的重要举措,目前存在着政府力量偏强、社会自主联动偏弱的结构困境,需要进一步促进社会组织与社会工作的发展,构建社会组织合作网络,形成社会自主联动、不断释放社会活力的新局面(李文静、时立荣,2016)。这个观点主要聚焦当前政府购买社会组织服务的项目化实践中的政社关系而展开,强调通过壮大社会自主力量来实现“三社联动”的目标。曹海军指出,“三社联动”作为我国社区治理与服务创新的优化路径,是实现基层治理从“行政化”迈向“社会化”、破除基层治理“内卷化”现象的重要举措,需要从宏观和微观层面共同发力,促进“三社联动”建设有机制、有平台、有资源(曹海军,2017)。该定义指出了“三社联动”应具有体制意涵,强调基层治理从传统行政导向向社会化导向转变,与笔者2016年对“三社联动”与基层治理社会化的论述具有相近之处。叶南客指出,以往关于“三社联动”的内涵界定主要局限在社区、社会组织和社会工作者之间的联动,并分别发挥平台、载体和支撑角色,这种界定不能适应社会变迁的形势;他进一步对“三社联动”的内涵进行了拓展性阐释,强调“三社联动”要通过三种路径实现:政府体制创新,加快社区的本质重构;专业社会组织导入与本土组织培育并举,实现社区的再组织化;双向整合社会工作人才队伍,提升社会工作者工作能力和水平(叶南客,2017)。

综上可知,以往学者对“三社联动”的内涵阐释具有以下特点:早期关于“三社联动”的论述是在政社不分、以政代社的传统体制背景下提出的,因而当提出在社区基础上大力发展社会组织和专业社工时,具有很强的“增量改革”意味,是对传统政府主导的社区管理模式的创新;中期关于“三社联动”的内涵阐释被置于“强政府、弱社会”的框架之中,虽然强调社区、社会组织和社会工作者的联动,但由于缺乏更深层次的动力,导致此时的“三社联动”没有突破社区管理存在的问题;后期关于“三社联动”的阐释有了进一步突破,这与中央提出“创新社会治理”的宏观理念紧密相关,为“三社联动”的内涵赋予了更多政策合法性空间,这一阶段的“三社联动”内涵更加注重政府、社会力量之间的有机联动，体现了政社多方在参与基层社会治理中的跨界联动与协同治理。

三、“三社联动”的实践议题及作用分析

“三社联动”在实践中常常被视作一种方法或策略加以应用，例如，胡小军等人指出，社区基金会作为社区社会组织体系的新兴组成部分，在“三社联动”中具有积极的功能和价值，尤其是在社区资源动员、社区公民培力和社区合作等方面，并分析了社区基金会参与“三社联动”的筹资机制、战略资助机制和决策监管机制（胡小军、朱健刚，2018）。张姝等人指出，“三社联动”模式下社区居家养老服务是应对日益老龄化问题、弥补家庭养老和机构养老短板的养老服务新模式，通过社区、社会组织和社工的联动，不断健全社区居家养老服务体系，推进社区居家养老服务的创新发展，以其独特的运行方式持续满足养老服务的新需求（张姝、张永琛，2018）。有学者研究了“三社联动”在外国人社会管理与服务实践中的应用案例，指出社工机构在承接政府购买服务过程中与基层政府社会管理部门、社区服务部门、物业公司以及外国人社会组织之间共享信息和联合行动，并发挥着积极作用（柳玉臻、杨杰，2019）。童敏等人指出，在“三社联动”机制下，社会工作在计生特殊家庭帮扶实践中出现了只关注“专业”服务，陷入了与社区两委、政府政策二元对立的“纯专业化”发展陷阱，这要求我们需跳出专业社工的“狭隘专业主义”逻辑，将社会工作置于基层社会治理场景之中进行实践（童敏、吴宝红，2019）。曹海军等人基于合作网络理论视角，从权力结构和互动程度两个维度对地方实践中的“三社联动”社区服务模式进行了比较分析，总结出共享型、领导型、枢纽型和休眠型四种典型的“三社联动”模式（曹海军、刘少博，2020）。还有学者基于不同地区“三社联动”实践的经验研究表明，“三社联动”虽然是提升城市社区治理效能的重要举措，但是现实中出现了曲解联动、替换联动、形式联动和抗拒联动等偏差现象，其背后存在着联动主体的能力限制与利益冲突、专项政策缺失与政策碎片化，以及政策执行环境复杂

等多重原因（颜克高、唐婷，2021）。

不难看出，"三社联动"作为一种政策导向不断受到重视的同时，也被实践领域广泛应用。但是，从现有研究来看，针对"三社联动"的实践应用主要还是停留在"三社联动"既有的概念框架内，较少将"三社联动"与基层社会治理真正结合起来分析。因此，对"三社联动"实践中的机理分析与理论建构相对匮乏。

第二节 "三社联动"与基层治理社会化的理论解释

一、理性的概念谱系

本部分将从学理角度讨论"三社联动"在中国社会建设进程中出现、演化与变迁的历史动因，并从社会理性视角探讨一种更加契合解释"三社联动"与基层治理社会化的理论分析框架，以进一步指导实践的优化与创新。笔者尝试进一步提出"三社联动"与基层社会治理中政社关系之所以体现为分工与团结关系的深层机理，这一机理可以借助"社会理性"这一理论加以展开。

"理性"一词本身是一个复杂的哲学概念，为了较好地阐释现代资本主义的起源，马克斯·韦伯（2010）提出了"理性化"一词，揭示了新教伦理与资本主义精神之间的因果机制。在社会学领域，学术界也正是基于韦伯有关社会行动的理性类型，对各类社会主体的行为依据和行动策略进行分析。其中，较为关键的社会行动类型是手段—目的理性行为（又称工具理性行为）和价值理性行为：前者指的是把外界对象以及他人行为作为达到目的的手段，它是社会行动发展的方向；后者指的是为了某种绝对价值或社会信仰（真、善、美）而采取的行动，这种价值观或者信仰成为行动者的义务，反过来对其产生了"约束力"。笔者借助韦伯的工具理性、价值理性思想，尝试对当前中国试行中的"三社联动"与基层社会治理实践进行理论上的分析。

二、工具理性及其限度

在社会主义现代化建设过程中，单位制作为特定历史阶段下的产物，成为国家政权建设与巩固、社会大众福利供给的重要组织化载体，这个时期的社会管理更多地通过"单位"这一载体实施对个人及其家庭的治理，个人或家庭以"单位人"身份依附在单位上，因此具有明显的消极福利色彩。在市场化推进过程中，单位制的解体使个体逐渐从单位中释放出来，成为一个个散落在社区的个体，原先的单位制管理模式不再适用，而新的社会管理体制尚未形成，这就要求通过新的政策体系和组织渠道来实现新的治理。正是在这个意义上，二十世纪九十年代以来，国家逐渐出台了一系列旨在回应市场化带来的社会问题的政策体系，成为促进社会保护的重要机制(王绍光，2008)。结合当代中国和谐社会建设的宏观脉络，这一历史阶段采取的社会管理政策及其实践，更多的是为了促进社会秩序、社会稳定而采取的目的合理性行动，也就是韦伯所谓的"工具理性"行动。笔者认为，改革开放 40 多年来，以经济建设为中心的经济政策占据本位，导致社会建设的严重"缺位"，保障社会建设的社会政策体系也因此残缺不全。可见，主导改革开放 30 多年的工具理性政策导向存在着明显的弊端：在稳定和谐话语下强调社会管理的刚性管控特征；在物质贫困现象仍存的背景下强调消极的物质性救助；在户籍制度限制下形成户籍人口与非户籍人口之间社会服务与福利的区隔化等。

三、社会理性及其对"三社联动"的理论启示

基于长期以来以工具理性为价值导向的社会管理政策及其实践存在的诸多限制，笔者认为，当前及未来的社会治理政策和实践应该坚持社会理性的原则。何谓社会理性？其在一定程度上吸收了韦伯的价值理性思想，但是，它不仅强调某种价值观或者信仰对于行动主体的约制作用，更加强调行

为主体在特定价值观基础上，能够形成对社会有利的（为社会的）行动实践。具体而言，社会理性是指个体或集体的行动需要有特定的社会规则、社会规范和社会机制的指引，以社会利他主义为基本原则，在实现个体自我目的的基础上为了更大的集体利益和社会利益而采取的行动。换言之，社会理性是指"为社会"的理性，即在当前和谐社会建设进程中，应该从以经济建设为中心（社会建设长期"缺位"）的体制设置向以经济建设为基础、以社会建设为中心的社会发展逻辑转变，以彰显社会经济发展的社会性而非经济性目的。

笔者将社会理性引入"三社联动"与基层社会治理情境分析中，指的是在一系列新型社会治理政策的价值指引，以及政社分工与协作机制指导下，政府更好地发挥资源供给的服务性功能，社会组织及其社工队伍通过社会合作互助、社区组织化以及关系整合等手段，将公共资源和社会资源最大化地运用于社会大众，以实现社会大众福祉的目标。社会理性区别于以效率和利益最大化为核心的经济理性，以及以权力、权威为核心的政治理性（后两者可以概括为工具理性）。笔者认为，坚持社会理性，应成为当代基层社会治理创新的理论基石，它既应作为当前政府推进以民生为重点的社会建设的核心政策导向，同时也应是当代社会组织实践、专业社会工作队伍建设的基本理念及其根本行动准则，更应是社会组织参与社会治理、促进社会建设的重要指针。

第三节　追寻社会理性："三社联动"与基层治理的共性逻辑

笔者认为，"三社联动"与基层治理的共性逻辑体现在，二者都试图追求社会理性，并以之作为基层政府与社会力量协同共治、合作互动的根本原则。

一、从工具理性转向社会理性：基层治理的社会逻辑

（一）社区作为治理单元：工具理性视域下的基层治理

很长一段时间以来，中国社会处于一种总体性社会之中，国家在这一阶段所采取的主要策略经历了从总体控制到技术治理的转变（渠敬东等，2009）。笔者在论述有关改革开放以来地方政府采取的各项管理政策或手段时，将这种通过社会管理及其创新举措实现社会和谐稳定的做法称为一种趋于"工具理性"的行动逻辑。这种行动逻辑强调政府对社会各方面事务的管理或规制，体现出较强烈的行政权力色彩。例如，自二十世纪九十年代以来开始实施的社区服务、社区管理等重要举措，虽然其目的在于应对单位制解体之后存在的原子化、碎片化等问题，但本质上，它是一种基于现存秩序和结构的修补手段。其中，社区在此过程中被赋予重要的意义，成为国家进行基层治理的基础性单元（杨敏，2007）。引发笔者深入思考的是，"社区"在经典理论家滕尼斯那里意指人们赖以生活的共同体，体现出共通的文化、规范和行动准则。而当前社区建设运动则将社区作为一种治理单元来实现国家对基层的整合目标，使社区的属性从价值理性向工具理性转变。笔者曾结合波兰尼和格兰诺维特有关"嵌入性"的思想阐释当前社区建设出现的脱嵌问题，即社区本应该嵌入社会，体现社会或公共属性，但却在社区建设过程中逐渐变成政府工作目标取向下的一种治理技术，使社区并未"如其所是"地得以推进（徐选国，2016）。将社区视作国家治理的基本单元，是一种方法论意义上的社区建构，并且，这种方法论的形成，并非从社区的立场强调其对于社会发展的重要性，相反，它是基于国家的立场强调社区对于政权建设与社会稳定的考量。正是在这个意义上，有学者提出了社区政体或社区行政建设等概念，意指社区的强政治性而非社会性特征。

（二）重新找回社区：社会理性视域下的基层治理

可喜的是，本书关注的两个典型的社区案例，它们在社区治理过程中都逐渐超越传统的、以行政权力为本位的行动逻辑，并试着将社区重新置于基

层治理的中心位置,即重新思考社区在地方国家与基层社会之间的结构性位置。如前所述,在梅村和H社区的“三社联动”实践中,社区并非仅仅具有平台意义,其同时是基层治理的核心要素。这主要体现在:在“三社联动”方面,社区、社会组织和社工作为主体的联动,凸显了代表社区主体的党组织和居委会在此过程中的核心作用;在“三社联动”的实践机制方面,强调了以“三社”为主体的社会与以基层政府为主体的国家之间的分工协作和团结关系,这种关系之所以能够形成,是基于多主体对于社区建设、社区共同体再造这一共性目标的认识。因此,在前述两个案例中,“社区为本”或“让社区回归社会”成为体现出“以社区为中心”的基层治理逻辑。笔者将基层治理中这种以社区为中心的理念和行动,称为基层治理的社会性逻辑。这种社会性逻辑体现出与之前的工具理性明显不一致的内涵和特征。基层治理的社会逻辑主要基于社会理性理论的指导,这一理论指出,在推进“三社联动”和基层社会治理实践中,应该更加注重形成以社会发展、社区福祉为共性目标的合作治理行动;同时社会理性理论强调,在基层社会治理中要进一步调整政府与社会的关系,使社会力量在社会服务生产与供给领域发挥基础性、决定性作用,并发挥政府在资源配置、资源供给方面的主导作用。本书中上海梅村、深圳H社区的治理经验和成功范例彰显了这种以社会理性为根本原则的理论基石在现实中的适用性和生命力。

二、“三社联动”理论创新对全国城乡社区治理的借鉴

本部分将从总体上阐释基于社会理性取向的“三社联动”对全国城乡社区治理实践可能提供的基本性指导原则和经验参考。

(一)树立以“社区为本”的核心价值:“三社联动”的内涵再构

传统主流的“三社联动”定义是“以社区为平台、以社会组织为载体、以社工为抓手,实现‘三社’的有效‘联动’,以促进社区建设与和谐”。这一定义存在的诸多纰漏进一步导致“三社联动”存在明显的实践限度。本章从理论和实践相结合的角度阐释了“三社联动”的新意义,即应重新对社区、社会

组织、社工每一个元素进行重新解读。其中,在社区层面,社区具有空间地理属性、法定主体属性、平台属性,以及共同体属性(后者为目前学界和实务界所普遍忽视的)。在社会组织层面,目前只有注册成为独立法人团体的社会组织受到学界和实务界青睐,而社区社会组织这一类广泛的自组织及其灵活有效的功能角色并未被注入当前“三社联动”的内涵与实践中。在社工层面,现有定义和实践之间存在区隔:一方面,定义中强调需要专业社会工作队伍通过专业理念、方法和手段为有需求的个体、群体或社区提供专业服务,这成为“三社联动”的重要抓手;另一方面,在现实社区治理中,尚未形成一支结构合理、素质优良、规模适中的专业社会工作人才队伍。因此,目前的“三社联动”实践偏向于对原有社区工作者队伍进行“就地取材”,即在目前由民政部、人力资源和社会保障部(以下简称“人社部”)共推的全国社会工作者职业水平考试制度背景下,原有社区工作者因为通过了考试而变成所谓的专业社会工作人才队伍,但在具体实践中,这支队伍无论是在专业价值、理念还是方法运用上,都与传统社区工作方法并无二致。同时,笔者在调研中发现,这支被赋予“三社联动”重要抓手的社区工作者队伍依然重复做着由上级派下来的大量任务。因此,“三社联动”有关社会工作专业队伍的“名实不符”必须引起学界与实务界的共同反思,以期寻找一条恰适性路径。深圳市H社区在这方面将专业社会工作队伍与原有社区工作者队伍进行整合,形成优势互补基础上的“互为师徒”关系,尤其值得当前中国社会工作人才队伍建设参考。无论是对社区、社会组织,还是对社会工作的扩展性思考,其中起决定性作用的仍然是社区。这不仅因为“三社联动”在主体、目标层面上需要注重“以社区为中心”,在价值层面也需要“以社区为本”。这里强调的“以社区为中心”“以社区为本”体现的是社区的社会属性,意指“三社联动”应该追寻的社会性逻辑。

(二)将政社关系带回来:“三社联动”不可忽视的一维

主流的“三社联动”定义强调“三社”之联动,简言之,是就“三社”谈“三社”,而未将“三社联动”放在特定的社会政治结构中。早期“三社联动”倡导者将其放置于社区建设、社区管理的宏观脉络中,将社区、社会组织和社工视为社区体制改革创新的重要内生性元素,这无疑具有重要的开创性意义(徐永祥,2004)。后来的定义则将“三社联动”的这种情景和脉络因素加以悬置,导致许多地方在推动“三社联动”时难以厘清其结构性位置与建构性功能。在笔者看来,“三社联动”是基层社会治理的一个重要命题,只有将“三社联动”放在基层社会治理脉络和场域中,“三社联动”才具有其生命力。但仅仅找到“三社联动”的结构性位置还不够,还必须解决“三社联动”的机制性问题,即什么要素使“三社联动”成为可能?在本章的探究中,笔者认为,政社分开与团结是“三社联动”成为可能的内在机制。换言之,“三社联动”并不仅仅是“三社”的联动,本质上讲,“三社联动”代表的是“三社”之社会力量与政府之间的联动,也即“三社联动”成为可能是由政社之间的有效互动所造就。反过来讲,没有政社之间的有效互动,“三社联动”则难以实现。原因在于:在当前中国“社会”(以社区、社会组织、社工为代表)尚未发展成熟的前提下,“三社”参与基层社会治理的根本前提是政府的主导推动。目前,各地推进的政府购买服务实践,以及一些地方探索的社区微公益项目、社区自治金项目等,实际上都是通过政府在资源配置方面发挥主导作用,并在相应的制度基础上加强社区建设、培育社会组织、优化专业社会工作人才队伍建设,以便更好地实现基层治理体系和治理能力现代化的目标。

(三)探寻基层治理的社会逻辑:“三社联动”的最终旨归

笔者认为,应将“三社联动”放在基层治理这一宏观脉络中进行考察。因为基层治理是国家治理体系的有机组成部分,需要经由基层治理实现国家治理体系和治理能力现代化。回到本章最初的问题缘起,当前中国基层治理中存在各种问题和困境,这些问题急切地呼唤着传统治理模式的根本性变革。笔者将“三社联动”视作一项回应当前基层治理困境的可能性议程,试图通过重构以“社区为本”的“三社联动”内涵,改变以往主导国家与社会关系的二元论范式,将社区带回国家与社会关系框架的中心,通过“三社联动”重构基层社会与地方国家的关系。这种重构了的国家与社会关系或政社关系是基于以社会发展、人民福祉为共同目标形成的,从这个意义上讲,基层治理遵循的是社会理性的逻辑,因为它不同于以往以工具理性为主导的社区建设取向。质言之,在本书调查的两个典型案例实践中,其当前推进的基层治理出现明显的社会逻辑转向。这种基层治理的社会逻辑体现为:基层党委、地方政府、社会力量、社区大众等多元主体基于共同的社区建设和社区发展目标而形成了合作治理行动。这可能成为中国实现未来善治目标所必须经过的阶段和路径。

第四节　“三社联动”机制的实践困境及其超越

从总体上看,当前我国基层治理实践中“三社联动”仍然存在一些不可回避的问题和困境。因此,正视实践中存在的问题和困境,并结合本书实证研究中所总结出的经验,对于进一步提出未来“三社联动”机制实践的路径与制度创新具有重要的现实意义。

一、“三社联动”机制实践的困境分析

(一)“三社联动”的内涵、外延认识尚不统一

以往研究指出,“三社联动”是指社区、社会组织和社工之间的联动,强调以社区为平台、以社会组织为载体、以社会工作人才为支撑的联动格局。这种定义至少有三个需要进一步明确的问题:

1. 联动主体不清晰

目前,“三社”的主体尚不清晰,如果社会组织和社工都是较明确的主体,那么,社区代表什么主体呢?仅仅强调社区的平台性明显不够。不少人将社区这个平台限定在社区居委会这一组织形式上,因而形成了看似平衡的“三社”主体。但实际上,这种“三社”的边界限定显然不够充分,基层社会中的主体远远超出上述“三社”的范围。因此,社区的主体性意涵应该包括

社区居委会、驻地相关企事业单位、社区志愿者及社区大众等力量。这样，"三社"的内涵所指才能在主体上得以平衡。目前，"三社"中的社区尚未包括除居委会以外的其他社区主体，这样不利于社区活力的激发以及多元社区力量的参与，也难以体现出"一核多元"的社区治理格局。

2. 联动机制缺失或机制不明确

"三社联动"的内外机制不明确，一方面，"三社联动"的内在机制是什么，以使联动成为可能？即"三社联动"得以可能的发生机制是什么？另一方面，通过何种外在化机制使"三社"得以联动，以促成"三社"有效联动？目前学界和实务界对后者的极力关注淹没了前者的关键性。

3. "联动为何"

"三社联动"的目标指向尚不清晰。如果按照主体视角来谈"三社联动"，那么，通过"三社"的联动，最终要实现何种目的？目前的论述将目标定位在社区上，即通过"三社联动"实现社区建设与社区发展。不难看出，这里出现了"三社联动"在内涵与目标上的界定混乱。

第一个问题讲的是主体问题，如果将社区、社会组织与社会工作视为一个层面的主体来讲，那么，社区在现实中指的是什么？这个问题目前较少有讨论，不少学者更多地将社区视为一种平台。而作为平台的社区与作为主体的社会组织、社会工作不在一个层面上。因此，这容易导致基层实践的无所适从。第二个问题讲的是机制问题，即我们所说的"三社联动"到底是在何种意义上去讲，为什么要讲"三社联动"？其背后有没有一个内在的因素为"三社"得以联动提供深层次的机理？目前为止，无论是学术界还是实务界，对这一方面的关注较少，人们的关注点更多地基于现实需要、"三社"优势等外在化因素来强调"三社联动"的重要性、必要性，而未从深层次上为"三社联动"寻找一个核心的理论依据。第三个问题讲的是目标问题，即"三社联动"最终指向什么？通过"三社联动"要实现什么目标或者效应？以往的文献观点更多地将"三社联动"放在社区管理、社区建设等议题上，这是为了回应市场化以来、单位制解体之后社区稳定与秩序的需要，而在当前以创新社会治理、加强基层建设为核心导向的社会建设中,“三社联动”的结构性位置更加重要,它成为基层社会治理创新的重要组织化手段。在上述问题的基础上,基层对“三社”的外延认识也是模糊的,在推进具体工作时,基层工作人员容易忽视社区的主体特征,容易窄化“社会组织”的法定属性(仅包括在民政部门注册并具有法人资质的组织),容易对“社会工作”予以简单化理解。从外延上看,“三社联动”不仅包括上述的“三社”,而且包括基层社区治理场域中的多元主体,如基层政府、社区党总支、居/村委会、社会组织、社区社会组织、业主委员会、物业管理公司、辖区企事业单位、社区民众等。因此,笔者认为,“三社联动”在外延上并非狭窄的“三社”的联动,而是对基层社区中多主体资源和优势的挖掘与重视。这与中央文件中有关“激发社会活力”的思想内在一致。

(二)“三社联动”的前置性、保障性要素缺失

从字面意义上讲,“三社联动”是要通过“三社”的联动才能实现其基本的目标,但在现实中,由于长期以来坚持一种总体性社会发展思路,国家(政府)成为各项事宜的主导者和执行者,导致“社会”长期没有得到发展。“三社”中的社区,是在二十世纪九十年代后,通过有关社区服务、社区建设等文件规定产生的,但当时的社区仍然是地域或空间意义上的社区概念,而较少关注体现社会性、公共性的社区属性。社会组织也在新的历史时期逐渐成为政府职能转移的重要组织化载体,近十年来得到了一定的发展,并通过政府政策,如放开登记注册门槛、加强政府购买服务力度等,加快了自身参与社区治理的进程。总体上,目前我国社会组织数量不多、类型繁杂,品牌性社会服务组织仍然匮乏,多数社会组织在生存发展方面呈现出对政府资源的较强依附。与此同时,社区领域的社区社会组织虽然很有活力,但目前人们对这一力量的重视程度不够,例如,如何通过制度扶持、政策引领、资源供给等方式发挥这一力量的积极作用,仍未受到“三社联动”实践推动者的重视。

关于社会工作方面,全国范围内的社会工作专业化、职业化起步于上海

市2003年制定实施的有关社会工作资格考试办法，以及民政部、人社部出台的相关政策。总体上看，当前社会工作人才队伍主要从传统社区工作者队伍转化而来，这种转化就是通过参加国家或地方举行的资格考试而获得"社会工作者"的头衔。但在实际工作中，他们一方面不具备充分的专业理念、价值和方法；另一方面，也不能成为纯粹意义上的社工，因为他们兼顾着大量行政化事务，面对街/镇向下指派的大量工作，难以真正按照专业社会工作方法来开展工作。从上述意义来讲，目前我们说的"三社联动"，其最根本性的前置问题还未得到解决，即"三社联动"中的"社"在哪里。

虽然在民政部的政策指导下，"三社联动"逐渐在各地得到推进和实施，但是更为根本的问题是，"三社"得以联动需要资源的支撑作为保障。这种支撑和保障要么是将"三社联动"纳入地方公共财政预算，以此作为"三社"参与基层社会治理的重要制度化保障；要么是通过目前流行的政府购买服务模式，为社会力量提供尽可能持续、充足的公共资源，以此作为"三社"能够存活、发展并参与基层社会治理的重要物质基础。从这个意义上讲，笔者认为，"三社联动"的根本在于政社分工与互动，只有形成政社分开、政社分工与合作的机制，并在此基础上为社会力量参与基层社会治理提供必要的资源，才能真正实现"三社"成长、发展基础上的联动。而目前这方面的探索和突破尚未形成普遍的行动实践。

（三）"三社联动"的结构性位置与建构性功能亟待明确

一段时间以来，"三社联动"已成为各级民政部门和基层社区广泛宣传的概念，但笔者深入观察后发现，其实很多地方政府和基层社区主体对"三社联动"的内涵缺乏正确的认识。在他们看来，"三社联动"无非是一种"换汤不换药"的新规定和新任务。① 从根本上没有将"三社联动"的结构性位置理清楚，不知道将"三社联动"放在什么位置上去讲。在笔者看来，在目前国家推进治理体系和治理能力现代化的进程中，"三社联动"成为基层治理体

---

① 笔者在给浙江省一些市（县）的基层社会工作队伍讲授"三社联动"时了解到，"三社联动"已成为一种新的任务自上而下地加到基层社区工作者身上。

系和治理能力现代化的重要抓手，是基层社会治理的重要命题。如果不将"三社联动"放在基层治理这个核心议程中来考察，就容易将其理解为一种形式主义的、命令式的新任务。如果仅仅将"三社联动"放在基层社会治理中，对于实际推进"三社联动"的基层工作队伍而言，仍然是抽象的。如何使"三社联动"在基层工作中彰显其功能？这就必须明确"三社联动"在基层治理中的体制建构和服务建构功能。在体制创新上，"三社联动"是对传统社会领域中以政府为全能形象的政社不分、以政代社体制的超越，有助于形成政社分工与合作的体制机制；在服务创新上，"三社联动"注重社区、社会组织和社会工作，坚持以人为本、立足社区实际需求、坚持证据为本原则，在此指导下开展专业社会服务，是对传统社区服务内涵的扩展与创新。

二、"三社联动"机制创新的路径选择

（一）"三社联动"的内涵重构及其拓展

基于以往研究论点的困境与实践中正在探索的"三社联动"经验，笔者认为，"三社联动"是在政社分工与合作的内在机制下，通过政府购买社会服务等外在化机制，激发社会活力参与社会建设，促进政府与社会力量（社区主体、社会组织及社工）分工协作、各司其职，以推进基层社会治理和公共服务创新的双重目标过程及其实践逻辑。这个定义包括如下相互关联的核心要素：

1. 社区的"本位"特征

"三社联动"中的社区不能仅仅被视为一个平台或治理主体，实际上，社区构成了"三社联动"的核心元素，这需要从三个不同的维度来理解社区：一是地域和行政区划意义上的社区。在这里，社区不仅指地域空间，还指涉管辖这一地域空间的主体——街道和社区居委会（当然，还包括社区层面的党组织）。这是在现有的"三社联动"内涵中被普遍忽视的方面。只有认识到社区的主体性特征，我们才能将社区、社会组织和社工纳入同一个维度加以分析。二是平台意义上的社区，即现有学者指出的"以社区为平台"的观点。

他们更倾向于将社区视为一些活动平台或服务平台,尤其像珠三角地区推广的社区服务中心。在这里,社区仅仅被视为一个缩影,一个参与社区建设的平台。从这个意义上理解社区显然是不够的。三是共同体意义上的社区,即我们近些年讲的社区建设的目标问题。如果“三社联动”不将最终落脚点放到社区建设上,那么,“三社联动”可能会迷失方向。笔者认为,第三个层面的社区意义指的是通过多元化资源的整合与运用,在政社分工与合作机制下,实现多元主体推动社区建设,形成合力,推动社区建设从社区碎片化向社区整合,从地域共同体向生活共同体、精神共同体、情感共同体转变。因此,“三社联动”的核心在于坚持“社区本位”特征,其根基是社区,最终旨归是迈向一种社区共同体建设。

2. 社会组织的“桥介”属性

学术界和实务界对“三社联动”中有关社会组织的本质属性已基本达成共识,即强调社会组织的载体作用。但以往研究的缺陷在于:它们仅仅强调法定意义上的社会组织,即具有合法性资质的法人社会组织,强调社工以这些组织为载体,为社区提供各类服务。这种观点忽视了社会组织的多元性问题,除了法定意义上的三类社会组织(社会团体、民办非企业单位、基金会)以外,社区层面的各类社区社会组织(自组织)也应被纳入“三社联动”的社会组织范畴。即通过发挥具有法人资质的社会组织在社区内的枢纽和孵化作用,不断促成社区内各类人群的自组织化,形成一个个兴趣爱好类、绿色环保类、公益慈善类、法律维权类等类型的社区社会组织,通过它们将分散于社区的个体进行再组织,为参与社区建设贡献组织化力量。实践表明,仅仅通过现有的法人社会组织来调动社区居民参与社区建设,既缺乏实际操作性又成效甚微。因此,通过社区组织化逻辑,不断培育社区社会组织,通过一些形式多样、内容丰富的活动,将社区内具有相同兴趣爱好、相似行动偏好的居民组织和凝聚起来,使其共同参与社区公共事务和社区建设,这体现了从单位制时代“国家—单位—个人”,到单位制解体后“国家—社区(缺失状态)—个人”,再到当前社会治理背景下的“国家—社会组织(包括社区社会组织)—个人”的转变逻辑;显示出社会组织在国家与个体之间具有重要的桥梁和媒介功能,是国家与个人关系的调适器和缓冲剂。因此,从单一狭隘的社会组织范畴,向更广泛的社区社会组织范畴的转变,是理解“三社联动”内涵的重要因素。

3. 社会工作人才队伍的整合功能

社会工作坚持“以人为本、助人自助”的核心宗旨,强调通过一系列专业价值、专业方法和技术为有需要的个人、家庭、社区提供相关服务。但纵观全国社会工作现状,现有社会工作人才在践行“助人自助”理念、参与和谐社会建设方面的成效尚不明显。根本原因在于:社工需要“接地气”。现有的社会工作人才队伍主要由两大类型构成:一是由高校有关专业毕业生构成的专业社工,二是在全国社会工作者职业水平考试推动下产生的一批社工。当前的社会工作实践表明,这两支队伍在现有的社区服务和社区建设中存在“疏离化”现象,即两支队伍并未在服务社区群体、促进社区建设方面得以整合、互动与合作。笔者曾在深圳市H社区对其社区治理创新进行过系统研究,发现其通过制度上的创新实现了专业社工(阳光家庭的专业人员)与社区工作者(H社区工作站综合协管员转型而来的人员)的结合与优势互补,进而形成了“专业性与本土性”相结合的人才整合效应。在这样的实践中,一方面,专业社工通过理念、方法等元素影响着社区工作者,积极改善了原有社区工作者的服务心态和行动实践;另一方面,原有社区工作者依托于其熟悉社区情况、具有丰富的社区工作经验的优势,带领专业社工进社区、上门入户了解社区需求等,形成了一种“互为师生”的关系。唯有通过专业力量与本土力量的优势互补,社会工作才能有效发挥其整合作用。因此,“三社联动”中的社会工作人才队伍,不仅应强调专业社工的重要性,强调专业社工的社区化、在地化,还要注重如何在有效整合现有存量人才并提升其能力素质的基础上,壮大社会工作人才队伍,以凸显社会工作在和谐社会建设中的重要抓手作用。

（二）注重"三社"的培育，激发"社会"的活力

1. 重新厘定社区的本质意涵

在上文厘清"三社联动"的内涵、外延的基础上，笔者认为，要有序推进"三社联动"参与基层社会治理的进程，就必须加强对"三社"的培育。其中，关于社区方面，笔者认为，应该进一步在制度上厘定社区的本质属性问题。很长一段时间以来，社区仅仅是国家治理的基本单元（杨敏，2007），是总体性社会中的一种技术治理工具（渠敬东等，2009）。在这个意义上，笔者认为，社区并未按照"如其所是"的样子受到重视并获得发展，社区在按照行政化需求呈现出"脱嵌式"发展（徐选国，2015）。从本质上讲，社区是生活于其中的人们的生活共同体、情感共同体和精神共同体，所谓社区建设，就是要通过社区参与、社区再组织化等方式，达到实现社区需求、维护社区大众权益、联结社区关系等方面的目标。因此，在未来推进基层治理的过程中，在政策导向上应该更加注重社区的本质回归，一定要摒弃社区建设即为"建设社区"的狭隘观点。可喜的是，在实践中已有不少地方尝试反思多年来的社区治理思路，通过"让社区回归社会"重构社区的社会性内涵（徐选国，2016）。因此，朝向以"社区为本"的社区建设、社区服务，应成为未来"三社联动"机制创新的重要意涵。

2. 扭转对社会组织地位和外延的认识

在社会组织发展方面，一段时间以来，极少数人习惯性地将社会组织视为政府的对立面，认为社会组织发展壮大会对政权造成威胁。这种思维受制于现代化以来欧洲国家有关国家与社会关系的理论，尤其是有关国家与社会二元化关系的市民社会理论的影响，导致在国家推进整体性治理过程中，很难真正放开社会组织的发展空间。近年来，在中央和国务院有关政策的指引下，全国范围内加强了政府购买社会服务的制度实践，社会组织得到了显著的发展。然而，在近几年的实践中，笔者看到，目前社会组织承接政府购买的服务项目比较单一，社会组织的资源主要来自政府方面，存在明显的依附性特征；同时，由于社会组织的生存理性和生存导向所致，当前社会

组织的自身能力有限，在承接政府购买服务过程中出现诸多困难，进一步受到政府甚至社会的质疑，导致一些地方政府出现了“与其让社会组织来承接政府的项目，还不如由政府自己的组织体系去做”[①]的想法。这会导致社会组织的“停滞不前”，甚至出现走下坡路的情形。因此，如何深刻反思当前社会组织发展及其参与基层社会治理创新中的角色、功能定位以及实践策略等，应该成为地方政府、社会组织、学术研究者共同面对和思考的问题，以寻求新的应对策略。另外，在“三社联动”方面，一定要放开对“社会组织”的外延界定，如前所述，“三社联动”并非简单的“三社”之间的联动，而是基层社区中一切有利于社区建设、社区治理的资源和主体的联动。

3. 反思中国语境下的社会工作意涵及其可能性

在社会工作人才队伍方面，笔者认为，单纯强调专业社会工作人才队伍对于基层治理的作用是片面的，这种片面性体现在以下几个方面：一是目前由高校教育培养出来的所谓专业社会工作毕业生，较少直接从事社会工作相关的专业服务工作，因此，高校教育与实务需求之间存在脱节；二是目前专业社会工作人才队伍中绝大多数的社工虽然经过了国家或地方政府规定的资格考试，但这种考试大多是对书本知识的考查，这部分社区工作者限于自身传统的社区工作经验，很难较好地掌握和理解专业社会工作所需的理念、价值和方法，甚至有些专业理念和价值观与当前社区工作者的工作经验和方法之间存在着冲突和不一致之处。与此同时，目前通过考试转化而来的社区工作者队伍在社区中并非纯粹的社工身份，他们仍然是传统基层社区工作的主力军和主要执行者。这体现在：很多地方所谓的社工，其实是社区居委会层面的社区工作者，他们即使变成了社工，也要面对上级政府下派的多项工作内容，因而难以真正按照社会工作的内在要求去开展工作。[②] 因此，在中国，强调建设一支专业社会工作人才队伍，是在什么意义上去讲的？

---

① 笔者在参与上海市社区公益招投标项目的评估与研究过程中了解到，有些人对于当前社会组织承接政府委托或购买的服务项目表现出不解。

② 笔者从多次调研以及对基层社区工作者进行专业培训过程中了解到上述现象普遍存在。

现实中专业社会工作与实际社会工作之间存在区隔,即使是在身份上变成专业社会工作的社区工作者,仍然难以真正扮演专业社工的角色并具备专业社工的服务功能,这就出现了当前实践中社工的“名不符实”现象。针对上述情形,笔者认为,由于历史、文化、宗教等因素的巨大差别,强调以价值为本的专业社会工作并不能适应当前中国社会、文化语境,而市场化、全球化又给原本具有较强中国文化特色的社会带来了新的元素,因此,未来“三社联动”实践中的社会工作,应该更多地朝向现实的、注重日常生活世界和社会关系建构的、体现社区公共性和社会性于一体的社会工作服务(徐选国,2016)。这种强调“社会”属性的社会工作,更符合中国社会工作本土化的内在要求。

三、“三社联动”机制实践的制度创新

近年来,“三社联动”似乎已成为一个白热化议题,许多基层地方政府都在争相推进“三社联动”实践,而从现实情形来看,有关“三社联动”的实践状况并没有取得预期的积极效果。究其原因,笔者认为,除了前述讲到的对有关“三社联动”的内涵、外延、结构性位置以及建构性功能等认识不足之外,还有一个重要因素:当前有关“三社联动”的政策体系呈现碎片化特征,即在全国层面尚未形成“三社联动”的规范性制度文本,而各地争先出台的地方性文件又具有较强的地方特色,在很多方面并未将“三社联动”纳入基层治理这一重要议题中,因而会沦为就“三社联动”来谈“三社联动”,导致实践中出现形式有余而成效不佳的情形。基于这种普遍的情形,笔者认为,应该在顶层设计与制度体系建设方面进行尝试。

(一)在内涵认识上,要强调社区的社会与公共属性

“三社联动”是在单位制不断解体和日渐式微,以及社会原子化、碎片化日益凸显的情形下被提出来的。二十一世纪以来,社区、社会组织、社会工作日益成为回应社区服务、社区建设等重要手段被提上日程。在当时的背景下,由社区、社会组织和社会工作构成的“三社联动”在中国现代化进程中的出现具有其必然性。从根本上讲,“三社联动”就是对长期以来“无社会”

的总体性社会机制的弥补,是对传统的政社不分、以政代社体制机制的重要创新。这一时期提出“三社联动”的出发点是为了回应二十世纪末至二十一世纪初社会转型、经济转轨出现的一系列管理难题,因而在很大程度上是一种管理思维导向的“三社联动”。在当前的时代背景下,笔者认为,“三社联动”包括以下元素:一是对社区内涵与外延的认识。它包括:法定意义上的社区,即当前以村/居为单位的辖区;主体意义上的社区,即村/居管理主体(以村/居“两委”为核心);平台意义上的社区,即一般意义上讲的为居民提供服务的社区平台(作为一种物理空间);共同体意义上的社区,即承载着多主体和广大村/居民生活世界的社区。它本质上是一种生活共同体、情感共同体或精神共同体,同时也是社区建设的最终目标。二是对社会组织的外延拓展。除了具有法人资格的社会组织(包括社会团体、社会服务机构及基金会)以外,在社区场域中进行社区治理的重要组织形式还包括辖区相关单位、社区自组织,即各种兴趣类、娱乐性或志愿性的团体等。三是对社会工作内涵的再认识。社会工作区别于党群工作、志愿工作及助人为乐等好人好事现象,它是一门科学的专业和职业,也是一种现代化制度构成。在社区治理中,依托专业社会工作,发展社会组织,构建新型社会服务体系,优化社区治理机制,是实现社区建设与发展的重要抓手。

(二)在功能定位上,将“三社联动”纳入基层社会治理

从全国范围内来看,必须将“三社联动”放在基层社会场域之中加以考察。正是在基层社会治理实践中可以实现(地方)国家与(基层)社会的交融、互动,这种国家与社会在基层的关系重构,在一定程度上体现了基层社会治理创新的本质要求。具体而言,要考量不同行动主体参与基层社会治理的互动关系及其功能发挥,就需要将多元主体行动纳入共通的基层社会治理情境之中,确立多元主体以人为中心、以基层社会治理中的问题和需求为焦点,通过互动、协商、对话、协作等机制,实现多元主体共建共治共享的治理共同体构建。与此同时,笔者认为,相较以往传统社会管理体制而言,“三社联动”是一种促进政社分工与合作的新体制,有利于改变以往政社不

分、以政代社的消极治理模式，通过大力发展专业社会组织和社会工作者，并重塑社区居委会的功能定位，进而创新治理理念和方式、实现更有效的治理目标。因此，“三社联动”在功能定位上是促进基层社会治理朝向现代化、社会化、合作化方向转变的重要创新。

（三）在核心机制上，朝向“以社区为本位”的社区治理

截至目前，不少地方在推进“三社联动”实践方面仍缺乏一种深层次的机理作为其核心机制。本书在一定程度上实现了理论的突破，即从“嵌入性”视角中找到了“三社联动”何以可能的发生学依据。本书基于实践和理论的综合思考，得出“三社联动”应该坚持一种“社区本位”的内在机制的结论。得出这种结论的主要原因在于——在以往有关“三社联动”乃至整个社区建设中，社区的内涵都没有得到真正的重视和深刻的阐释。笔者认为，“社区为本”的“三社联动”具有两个层次的意涵：一是从本原性意义上强调社区的本质属性问题。这种本质属性强调了社区与社会之间的深刻关联性。笔者结合以往有关社区意涵的研究，认为“社区与社会在本质上具有嵌入性关系”，即“社区内在地嵌入社会”是二者的根本关系。这表明社区属于社会而非隶属于政府，社区在本质上具有社会性、媒介性和公共性，它是人们生活的共同空间，是多元行动主体共生的空间和场域。正是在此基础上，社区成为联结地方政府与基层社会的重要纽带。二是从方法论意义上强调社区是多元主体互动的平台。只有多元主体以社区为互动场域和实践空间，共同嵌入社区情境和社区结构网络中，才能真正实现社区对社会的嵌入；只有社区居民能够真正感受、理解和认同社区，形成共同的社区精神和公共空间，才能更大限度地凸显社区团结和互助精神。这些特征，可以概括为“三社联动”在基层治理中对社区公共性和社会性的追寻（徐选国，2016）。因此，笔者认为，以社区为核心的“三社”如何有效联动，如何与地方国家进行有效互动，是推进基层社会治理创新的核心命题。

（四）在实践逻辑上，注重政社分工与团结的治理格局

长期以来，政社不分、以政代社的现象普遍存在，导致不少地方政府在

多个领域存在越位、错位并存的现象，与此相对的是，社会力量因长期未能成长起来，在参与社会建设、社会治理中处于"无位"或"缺位"状态。笔者认为，在当前积极推进"三社联动"参与基层治理方面，应该形成政社分开与团结基础上的"三社联动"格局，即政府职能转移与社会力量（"三社"）的成长同步进行，并且，政府可以通过购买公共服务、社会服务等外在的项目化机制实现政社分工与联动。本书的研究对象之一，梅村的社会工作就是在地方政府、社区党总支、社区居委会、物业、业委会、社会组织（"绿主妇"）、基金会、社区大众等多元主体的合作共治中得以积极有序展开的。这种联动与分工格局之所以能够形成，是因为多元主体共同遵循了"社区嵌入社会""社区属于社会"这一强调"社区本位"的本原性社区治理机制。

参考文献

[1] 曹锦清. 历史视角下的新农村建设：重温宋以来的乡村组织重建[J]. 探索与争鸣，2006(10)：6－9.

[2] 陈凯. 小小绿主妇，自治大平台[J]. 检察风云—社会治理理论专刊，2014(1)：67－68.

[3] 陈丽，冯新转. "三社联动"与社区管理创新：江苏个案[J]. 重庆社会科学，2012(2)：33－39.

[4] 顾东辉. "三社联动"的内涵解构与逻辑演绎[J]. 学海，2016(3)：104－110.

[5] 姜晓萍. 国家治理现代化进程中的社会治理体制创新[J]. 中国行政管理，2014(2)：24－28.

[6] 郎晓波. "三社联动"推进社会建设：来自杭州江干区的经验[J]. 浙江学刊，2013(6)：66－70.

[7] 李精华，赵珊珊. "三社联动"：内涵、机制及其推进策略[J]. 学术交流，2016(8)：162－168.

[8] 刘安. 网格化管理：城市基层社会治理体制的运行逻辑与实践特征：基于N市Q区的个案研究[J]. 江海学刊，2015(2)：99－107.

[9] 吕青. 创新社会管理的"三社联动"路径探析[J]. 华东理工大学学报(社会科学版)，2012，27(6)：7－12.

[10] 渠敬东，周飞舟，应星. 从总体支配到技术治理：基于中国30年改革经验

的社会学分析[J]. 中国社会科学，2009(6)：104－127.
[11] 王浦劬. 国家治理、政府治理和社会治理的含义及其相互关系[J]. 国家行政学院学报，2014(3)：11－17.
[12] 王绍光. 大转型：1980年代以来中国的双向运动[J]. 中国社会科学，2008(1)：129－148.
[13] 王思斌. "三社联动"的逻辑与类型[J]. 中国社会工作，2016(4)：61.
[14] 王思斌. 社会治理结构的进化与社会工作的服务型治理[J]. 北京大学学报(哲学社会科学版)，2014，51(6)：30－37.
[15] 王思斌. 优势主导的"三社"联动模式[J]. 中国社会工作，2015(28)：61.
[16] 魏来，胡莉. 基层社会治理：实践特征、发展困境与化解之策：首届县域治理高层论坛综述[J]. 社会主义研究，2016(1)：168－172.
[17] 本刊编辑部，徐富海. "三社联动"如何"联"如何"动"？[J]. 中国民政，2015(12)：16－28.
[18] 徐选国，徐永祥. 基层社会治理中的"三社联动"：内涵、机制及其实践逻辑：基于深圳市H社区的探索[J]. 社会科学，2016(7)：87－96.
[19] 徐选国. "三社联动"的内涵廓清及其拓展[J]. 中国社会工作，2016(10)：30－31.
[20] 徐选国. 嵌入性治理：城市社区治理机制创新的一个分析框架：基于对国家-社会关系范式的批判性反思[J]. 社会工作，2015(5)：55－64.
[21] 徐永祥，曹国慧. "三社联动"的历史实践与概念辨析[J]. 云南师范大学学报(哲学社会科学版)，2016，48(2)：54－62.
[22] 徐永祥. 试论我国社区社会工作的职业化与专业化[J]. 华东理工大学学报(社会科学版)，2000，15(4)：56－60.
[23] 徐永祥. 政社分工与合作：中国社区建设体制改革创新的根本要件(英文)[J]. Social Sciences in China，2008，29(1)：142－151.
[24] 徐永祥. 城市社区建设的体制创新与社会工作[J]. 探索与争鸣，2004(12)：22－23.
[25] 杨敏. 作为国家治理单元的社区：对城市社区建设运动过程中居民社区参与和社区认知的个案研究[J]. 社会学研究，2007，22(4)：137－164，245.
[26] 叶南客，陈金城. 我国"三社联动"的模式选择与策略研究[J]. 南京社会科学，2010(12)：75－80，87.
[27] 张静. 通道变迁：个体与公共组织的关联[J]. 学海，2015(1)：50－58.
[28] 张静. 中国基层社会治理为何失效？[J]. 文化纵横，2016(5)：30－34.

[29]　郑杭生,邵占鹏.中国社会治理体制改革的视野、举措与意涵：三中全会社会治理体制改革的启示[J].江苏社会科学,2014(2)：66-74.
[30]　[德]马克斯·韦伯.新教伦理与资本主义精神[M].阎克文,译.上海：世纪出版集团,上海人民出版社,2010.
[31]　李文静,时立荣."社会自主联动":"三社联动"社区治理机制的完善路径[J].探索,2016(3)：135-141.
[32]　曹海军."三社联动"的社区治理与服务创新：基于治理结构与运行机制的探索[J].行政论坛,2017,24(2)：74-79.
[33]　叶南客."三社联动"的内涵拓展、运行逻辑与推进策略[J].理论探索,2017(5)：30-34.
[34]　胡小军,朱健刚."三社联动"机制下社区基金会的功能与运行逻辑[J].华东理工大学学报(社会科学版),2018,33(1)：77-86.
[35]　张姝,张永琛."三社联动"模式下社区居家养老服务的实践研究：以兰州市畅家巷社区"综合为老服务中心"为例[J].社会工作,2018(5)：100-108,112.
[36]　柳玉臻,杨杰.三社联动在外国人社会管理和社会服务中的应用：广州经验[J].社会工作与管理,2019,19(4)：73-79.
[37]　童敏,吴宝红.专业化的"陷阱"：三社联动下计生特殊家庭帮扶服务的反思[J].中国行政管理,2019(4)：132-137.
[38]　曹海军,刘少博.社区公共服务合作网络模式辨析：以"三社联动"为例[J].中国行政管理,2020(8)：39-44.
[39]　颜克高,唐婷.名实分离：城市社区"三社联动"的执行偏差：基于10个典型社区的多案例分析[J].湖南大学学报(社会科学版),2021,35(2)：69-77.

第二章　基层治理创新、社会理性与“三社联动”：上海市梅村经验[①]

“三社联动”日益成为基层治理的重要命题。以往有关“三社联动”机制的研究主要是在国家与社会关系范式下展开的，该范式认为，代表社会力量的“三社”与代表国家权力的地方政府有着各自的行动逻辑，导致二者在互动过程中存在明显的张力。然而，基于上海梅村的经验研究表明，地方政府、社区权力主体（社区党委、居委会）以及社会组织等主体之间存在着一种共享利益逻辑，即它们共同致力于促进社区公共利益，进而达成多主体间的有效合作。以往占支配地位的国家—社会关系范式不能有效解释上述经验现象，笔者尝试提出“基层治理的社会性”这一中观命题，旨在指出基层治理中的地方国家与社会（以“三社”为代表）之间并非传统范式所坚持的二元对立关系，而是在以社区为第三域空间基础上形成的地方国家与基层社会的共享粘

---

① 本章部分内容曾以《社会理性与城市基层治理社会化的视角转换——基于上海梅村的“三社联动”实践》为题，发表于《社会建设》2017 年第 4 卷第 6 期，此次收录略有改动。

连关系。因此，社区应作为“三社联动”机制的核心元素，它有助于重构基层治理中的地方国家与基层社会的关系架构，使社会工作、社会组织与地方权力主体得以有效联动，并为社会工作、社会组织有效嵌入基层社会提供核心依据。

研究发现，朝向“社区为本”的合作行动成为梅村“三社联动”与基层治理实践的内在逻辑机制。这种“社区为本”体现了不同行动者在共同遵循社区实际、嵌入社区情境、再造社区公共空间的前提下，基于“以社区为中心”的实践逻辑，形成了一种有组织的合作行动。这种有组织的合作行动并不是完全以理性选择和利益驱使为核心动力决定行动者之间的合作行动，而是不同行动者基于重构社区公共空间、回归社区本质、促进个体与社区之间的公共性联结为根本逻辑基础上的合作治理实践。在这种机制指导下，梅村党总支、居委会、“绿主妇”社会组织、社区居民等有序互动，实现了梅村的环境再造，甚至扩散到梅村整体性社区治理中，取得了积极成效。最后，本章结合当前“三社联动”与基层治理的总体性实践程度，从内涵重构、功能定位、核心机制以及实践逻辑等四个维度提出了相应的优化之策，以为其他地区“三社联动”参与基层治理创新提供参考。

第一节　导　　论

一、研究背景及问题的提出

（一）研究背景及问题面向

党的十八届三中全会提出全面深化改革的总目标为“完善和发展中国特色社会主义制度，推进国家治理体系和治理能力现代化”，并开创性地提出“创新社会治理体制”等重大论点。党的十八届五中全会进一步提出“完善党委领导、政府主导、社会协同、公众参与、法治保障的社会治理体制，推进社会治理精细化，构建全民共建共享的社会治理格局”，标志着“治理”逐渐进入党和国家的政治话语体系中，标志着党和政府对社会的态度和行动从原先以管理为核心导向逐渐转变为以服务、合作为导向的治理逻辑。在一定程度上，我们可以作出这样的判断：中国正在进入治理的时代。从"治理"的内涵来看，它强调主体多元而非一方独大，强调主体间合作、协商与对话而非管控、约制与排斥，强调党和政府的服务属性，强调党、政府和社会力量在有关社会建设、社会发展领域的广泛对话与合作机制的建立等。

结合当前中国急剧转型的社会结构特征、利益分化、阶层固化，以及社会大众权利意识觉醒等现实情形，强调"治理为本"似乎已成为当前中国社会发展不可逆的理论和实践导向。也正是基于上述脉络，我们看到"治理"逐渐从政治学、公共管理领域转向社会建设领域。让我们颇感兴趣的是，社会建设领域的社会治理创新如何在理论上得到支撑？如何在实践中得以具化？这意味着我们需要从理论和实践两个方面回答社会治理创新的核心问题：在理论上，我们需要思考社会建设、社会治理领域中党、政府和社会的关系机制；在实践上，我们需要探索不同行动主体在致力于社会治理创新中是如何行动、如何互动，以及如何分工与协作的。这些问题成为本章拟关注的宏观层次(社会结构与政策变迁的关系等)的研究问题。

在中央精神指导下，上海市委较早启动了"创新社会治理，加强基层建设"一号课题政策创新工程，这种创新的深刻背景在于："随着上海经济社会快速发展，基层情况每天瞬息万变，出现的新变化、新情况、新问题，我们有些掌握、有些只掌握部分、有些根本不掌握。基层解决问题手段有限、资源缺乏、责任无限、力量严重不足。许多亟待解决的问题就事论事解决不行，制度创新上要有新突破，政策安排上要有新举措。通过调研，能够及时发现问题，深入研究问题，集中各方面智慧，借鉴基层成功经验，提出政策举措。"①

2014 年年底，上海市委发布了一号课题调研成果，形成了"1+6"系列文件。其中，"1"是《关于进一步创新社会治理加强基层建设的意见》，"6"是"深化街道体制改革、创新居民区治理体系加强基层建设、组织引导社会力

① 韩正：《创新社会治理、加强基层建设事关上海改革发展全局》，http://news.sina.com.cn/o/2014-02-27/070029575361.shtml。

量参与社区治理、深化拓展网格化管理提升城市综合管理效能、完善村级治理体系加强基层建设、社区工作者管理办法”等6个配套文件。这些政策文件都是针对当前上海基层社会治理中遇到的突出问题所形成的制度体系，如街镇体制机制、基层队伍力量建设、管理资源和执法资源的配置、基层工作经费保障等问题。因此，在很大程度上，“1＋6”文件的核心是指向基层的。市、区各领域部门在贯彻落实市委“1＋6”文件时，一定要目光向下解决具体问题，彻底转变思想观念，真正做到一切围着基层想、一切围着基层干、一切围着基层转；各领域部门要抓紧建立“对下服务”的工作机制，强化为基层服务的工作导向；创新社会治理、加强基层建设，关键是人，要让群众参与，根本是要激发基层组织的战斗力。市、区、街镇、村居四级合力，重心在基层，而要让人民群众有更多获得感，则取决于基层干部管理和服务能力的提升。

自上海市委发布“1＋6”系列文件以来，各区/县和街/镇结合市委文件及自身实际进行了相应的改革，并取得了积极成效，其中，较为明显的是：创新社区党建工作；深化街道体制改革，全面取消街道的招商引资职能，将工作重心转向公共服务和社会治理；加强居（村）委会自治；促进社会力量有效参与；拓展深化网格化管理，完善网格化运行机制；完善社区工作者职业化体系等重点内容。[①] 从政策创新来看，上海在贯彻落实中央创新社会治理体制精神的过程中，立足实际，将创新社会治理的焦点放在基层，多项工作都围绕着加强基层建设展开。那么，这里的基层、基层建设是指什么？社会治理创新与基层建设之间有什么关系？如何通过创新社会治理体制加强基层建设？这些是研究“三社联动”时不可绕过的核心议题。

在上海这样一个特大城市的基层治理中，有没有能够体现中央精神、地方政策以及与本地情境相结合的社会治理创新案例呢？在日常的调研观察中，笔者发现上海市X区有一个远近闻名的梅村在近年的社区治理创新中崭露头角。这里的远近闻名包括两层含义：一是自二十世纪九十年代建村

① 方士雄：《上海：创新社会治理加强基层建设》，《光明日报》2015年7月11日。

起，梅村长期给人以脏、乱、差的印象，被予以"垃圾梅村"的称号；二是自2010年以来，梅村在村党总支、居委干部的组织引领下，从居民中挖掘出稳定的主妇志愿者，逐渐形成目前众所周知的"绿主妇"组织和志愿者队伍，在党建引领、社区多元力量共同参与下，梅村已经从原先的"垃圾村"蜕变为"花园村"，成为代表上海老旧社区迈向现代社区，走向绿色、低碳、环保型社区建设的重要典范。我们看到这种变化后，不禁要问：梅村的社区治理是如何展开的？不同主体（街道层面、社区党组织、居委会、社会组织以及社区居民等）之间是如何互动的？在实践中体现的"三社联动"实践格局是如何生成的？其实践逻辑及其对于基层治理创新的建构功能分别是什么？我们该如何理解梅村的社区治理实践与中央提出的"完善党委领导、政府主导、社会协同、公众参与、法治保障的社会治理体制"，以及上海市委提出的"创新社会治理，加强基层建设"之间的关联性？这成为本章拟探究的微观机制（在社区场域的治理中如何关怀宏观层面的结构、制度目标）问题。

（二）问题提出

近年来，国家在推动社会治理创新方面提出了重要精神指引，例如，《中共中央 国务院关于加强和完善城乡社区治理的意见》指出，"城乡社区是社会治理的基本单元""做好城乡社区发展规划编制工作，制定'三社联动'机制建设、政府购买城乡社区服务等相关配套政策"。可见，"三社联动"已成为社会治理的重要议题。在本章中，笔者主要将焦点缩小到"三社联动"与基层社会治理范畴上来，重点从理论上对"三社联动"机制进行探究，同时，结合上海市梅村的社区治理实践，对"三社联动"之于基层社会治理创新这一核心命题的相关内容进行深度探究，以期回答社区场域的治理实践如何与中央层面的治理取向相衔接的问题。

二、研究意义及研究目的

（一）研究意义

在创新社会治理背景下研究和探讨"三社联动"机制，具有重要的理论和现实意义。其中，理论意义体现在：当前我们推进社会建设或社会治理，缺乏从社会学本身的学科理论知识体系之中寻找理论支撑，往往需要向政治学或管理学寻求相关的理论视角。实践表明，在移植或借用政治学或管理学的相关理论来阐释社会建设相关议题时，具有诸多限制和不足之处。本章旨在从社会学及其相关学科中寻找可能的理论视角，以进一步丰富有关社会建设、社会治理的理论知识体系。另外，目前有关“三社联动”的理论较为匮乏，部分学者试图从现有的学科理论中寻找理论依据，但缺乏对现实语境的充分考量，并且这些理论倾向于就“三社”论“三社”，缺乏对“三社联动”内涵的深层次因素和核心机制的考察，可能会忽视当前中国社会语境下的某些关键变量。本章旨在对“三社联动”具体实践领域涉及的理论进行建构与完善，以期形成“三社联动”领域自身的理论基石。

实践意义体现在：“三社联动”在政策、理念上日益成为社会治理创新的重要抓手，但是在实践中却未被各级政府相关部门以及基层社区各主体充分认识到，因而，在实践中存在不同程度的偏差或局限。通过对“三社联动”的理论和微观机制上的研究，有助于对较为鲜活的“三社联动”实践进行总结和分析，并深入阐释其实践逻辑和行动机制，对于为更大范围内的基层社会治理创新实践提供经验参考具有重要的现实意义。另外，本章的观点也能从政策上进一步优化现有制度体系，并为其提供科学的决策依据。

（二）研究目的

本章旨在达到以下目标：其一，从更为基础的层面对“三社联动”的内涵进行重构，以为深入分析“三社联动”在基层社会治理创新中的结构性位置及其功能等提供概念基准。其二，从理论上分析“三社联动”与基层社会治理的逻辑关系，即基层社会治理视域下的“三社联动”何以可能？何以可为？这就需要在基层治理视域下来探究和建构“三社联动”的理论视角和分析机理。其三，从具体实践场域中分析“三社联动”机制的实践逻辑（互动逻辑）及其社会效应，以从中抽离出能够对“三社联动”实践具有普遍意义的经验解释。

三、研究思路及主要内容

以往研究较少将"三社联动"纳入基层社会治理的框架中进行思考和探讨。在全面深化改革的总目标指引下，"完善和发展中国特色社会主义制度、推进国家治理体系和治理能力现代化"内在要求在基层加快地方治理体系和治理能力现代化，其中，基层社会治理创新成为实现上述总体目标的有机构成要件。本章将"三社联动"纳入整个基层社会治理创新的体系中进行考量，并将沿着以下思路展开：

第一，重新界定和拓展"三社联动"的内涵。"三社联动"是近年来社区治理创新的核心议题之一。以往研究具有共识性地指出，"三社联动"是指社区、社会组织和社工之间的联动，强调以社区为平台、以社会组织为载体、以社会工作人才为支撑的联动格局（叶南客等，2010；王思斌，2015）。这一定义至少存在三个需要进一步探讨之处：一是"谁在联动"。目前，"三社联动"的主体界定不清晰，尤其是社区在整个概念分析中的所指仍然比较模糊。二是"为何联动"。即"三社联动"的内在机制和外在机制分别是什么？学界更多关注的是后者，而对于"三社联动"何以可能的内在机制缺乏深入探究。三是"联动为何"。即"三社联动"的目标指向。通过"三社"的联动，最终要实现何种目的？可见，目前"三社联动"的主体模糊、机制缺失、目标不明，很有必要在现有基础上对其内涵进行重新界定和拓展。

第二，构建"三社联动"之于基层社会治理创新的关联机制和多重特征。"三社联动"已成为基层社会治理创新的重要命题，它并非仅仅是"三社"之间的互动关系，本质上，它是国家与社会在基层治理实践中的互动逻辑，体现了明显的政社关系特征。基层社会治理创新本质上就是国家与社会在基层的关系重构与合作行动。因此，通过"三社联动"实践重构政社分开与合作关系，是创新国家与社会在基层关系的重要路径。具体而言，就是要考量参与基层社会治理的不同行动主体之间的互动关系，笔者将社区、社会组织和社会工作者统划入代表社会层面的范畴，而将地方政府视为代表国家层面的范畴，二者因社区具有的特性，以及多方共同致力于基层社会治理创新这一核心议题和共有目标而得以联结。可见，在基层社会治理领域，国家与社会不再是抽象的二元对立关系，而是基于诸多共同事务、共同目标而形成的团结关系。进一步说，代表社会力量的“三社”成为基层社会治理不可或缺的构成要件，它们在与地方政府共同致力于社区治理实践、社区建设目标中彰显了其现实意义。在基层社会治理实践中，社区成为重构国家与社会关系的中心场域和互动空间，这是基于以往研究局限以及基层治理的现实情境所作出的判断。

第三，通过典型实践案例揭示“三社联动”对于促进基层社会治理创新、提升基层治理能力、优化基层治理体系等方面的功能及其作用空间。笔者曾对深圳市Z街道的社区体制改革进行了连续几年的跟踪研究，其中，“三社联动”成为其创新基层社区体制改革的重要抓手。在其实践中，“让社区回归社会”的根本理念成为促进基层政府、社会力量、社区主体合作治理的内在机制，为“三社联动”实践创造了一种良好的政社分工与合作关系的基础和空间（徐选国，2016）。正是在政社分开与团结合作的机制前提下，该街道的“三社联动”才得以有效实践。在上海基层社会治理创新实践中，X区L街道“绿主妇”在参与社区治理、促进基层治理社会化以及社区自治方面成效显著，笔者将深入对这个案例进行分析，以进一步揭示“三社联动”对于促进基层社会治理创新、提升基层治理能力等方面的作用及其背后的深层机理。

第四，从理论上形成一种解释“三社联动”参与基层社会治理创新的新型分析框架，并进一步阐释这种分析框架在创新社会治理、加强基层建设中的独特实践逻辑。在前述理论与实践研究基础上，尝试提炼出“三社联动”得以有效实践的内在机理，并从更为基本的方面建构一种解释“三社联动”参与基层治理创新的学理框架。

第五，从政策制定与创新的角度，通过对“三社联动”的实践研究，为进一步“正确处理政府与社会关系，加快实施政社分开”“创新社会治理体制”

提供现实参考依据。同时，通过"三社联动"参与基层社会治理创新的实践效能，进一步完善和强化党建引领社会治理的制度优势。

四、研究方法及案例介绍

（一）研究方法

本章主要借助质性研究方法展开。由于基层社会治理议题是一个常态化的社会生活实践构成，研究采用参与式观察和深度访谈等方式进入实地场域收集资料，这种实地收集资料的方式优于以问卷为主的定量研究方法，能够就社区治理实践中的不同主体，包括地方政府、社会服务组织、社区主体、社区民众等主体的行为逻辑、互动关系等方面进行深度的观察和研究。

（二）案例介绍

作为二十世纪九十年代建立起来的老住房社区，上海市X区L街道梅村一直存在环境方面的"脏、乱、差"现象，且由于人员结构复杂，社区矛盾十分突出。梅村治理何以突围？如何改变长期以来形成的这种现状，以及如何消解居民之间、居民与物业之间、居民与居委会等主体间的张力与矛盾？2007年，梅村调来新的党总支书记接手治理。在中国2010年上海世界博览会的一次机缘中，梅村得到了几把用牛奶盒、利乐包等废旧物品压制而成的"世博椅"，几位家庭主妇萌生了在自己社区内回收利乐包的想法。环保宣传达人姜阿姨的"回收利乐包，快乐做环保"理念得到了梅村党总支书记的认可，在党总支与居委会的指导下，10位家庭主妇组成了"绿主妇、我当家"低碳环保自治行动小组。她们在社区内摆起了回收垃圾的摊子，吸引了不少居民的注意。首次垃圾回收活动只有42户居民参与，针对这一参与率低的情况，党总支利用组织优势，发动居委会干部、党员、楼组长等率先加入，为"绿主妇"参与垃圾分类、倡导绿色社区治理发挥示范引领作用。通过更有效的动员和宣传，在第三次"垃圾回收"活动中，参与居民超过了100户。雪球越滚越大，更多的居民参与到环保行列中。随着垃圾分类活动逐渐吸引了越来越多居民的参与，党总支书记带领团队积极向国内从事环保治理的专业组织(如北京地球村等)学习,借鉴其项目理念,并争取小额资金支持,为“绿主妇”在社区内开展垃圾分类与环保治理实践找到了“第一桶金”。

垃圾减量回收活动让社区环境逐步得到改善,越来越多的主妇感受到家庭生活的乐趣。但是,如何让环保活动持续进行?如何将居民的环保行动转变为一种习惯?如何让更多的居民参与社区建设?只有解决这些问题,才能彻底改变社区的面貌。对此,党总支书记积极争取市妇联的支持,在梅村开展了“家庭一平米菜园”种植活动,居民积极参与其中,“绿主妇”的影响力和辐射力由此不断扩大。见时机成熟,党总支书记成立了由18名居民骨干组成的“绿主妇”议事会,在开展环保理念宣传教育的同时,“绿主妇”们也参与到社区自治管理中,调解邻里矛盾。在L社区(街道)党工委和办事处的支持下,以梅村“绿主妇”工作室和议事会为主体的“绿主妇环保指导中心”正式注册成立,“绿主妇”成为环保类专业社会组织,标志着它从居民自治组织走上了制度化、专业化之路。以梅村为典型代表的“绿主妇”在环境治理中取得了显著成就,并积极调动社区居民参与社区环境治理行动。与此同时,这种实践模式吸引了多方关注,并逐渐在其所在街道、区,乃至更多市区和社区开展了广泛实践。

目前,“绿主妇”行动社区志愿者团队的规模已从建立最初的10人增加到2 600多人,志愿者骨干达580人,“绿主妇”也从X区L街道拓展到全区其他6个街道、上海5个区县及全国其他4个省市[①]。

第二节　“三社联动”的历史与理论

在面向实践进行探究以及对实践提供解释性框架之前,我们需要对“三社联动”的基础性知识、理论进行呈现和回顾,包括从纵向历史的视角审视

① 数据截至2016年5月。

“三社联动”产生的时代背景、社会意涵及其演变;从“三社联动”与社会结构转型、社区发展演变的关系中审视其内涵,并加以重构和拓展性解释;从学界关于“三社联动”的理论解释中找寻其得以运行的理论依据,并进行批判性反思;最后,结合全国各地“三社联动”的经验实践来反思其实践效应及限度,为新的可能提供新的思路和视野。

一、“三社联动”的历史脉络及其演变

(一)历史的演进与社区的由来

在党的十一届三中全会召开以前,我国总体上处于一种“单位制”社会,这个阶段的社会特征主要是国家通过“单位”这一组织化载体实现对社会、大众的管理。换言之,这个阶段的总体社会结构体现为“国家—单位—个人/家庭”之间的三维关系。然而,以计划经济为主导的单位制随着市场经济体制的强势袭来而日益呈现出与中国现代化进程不协调的诸多方面,因而逐渐式微和解体。市场经济体制的确立,标志着原先以“单位”作为联结国家与个体/家庭的组织化载体不复存在,而新的组织化机制却未出现,因此,在二十世纪九十年代,中国社会结构表现出“国家—个体/家庭”的二维关系。进而,在市场化推进过程中,许多个体被市场甩出其运行轨道,成为“边缘人”,社会问题大量衍生,导致整个社会秩序和稳定问题十分凸显。在这种背景下,国家民政部门率先提出了社区服务概念,社区正式登上了国家现代化建设的政治舞台。但是,人们审视民政部在这一阶段召开的几次有关社区服务的代表性大会后发现,社区服务主要停留在互助性、商业性服务方面,而对于社区服务应有的福利性、公益性属性缺乏深刻认识和应有的关怀(徐永祥、曹国慧,2016)。这里的社区服务,在内涵上与当时社会转型所内在地需要的社区管理、社区建设缺乏本质上的关联性。基于此,民政部于1991年提出了“社区建设”的概念,1998年,国务院的政府体制改革方案确定民政部在原基层政权建设司的基础上设立基层政权与社会建设司。2000年11月,国务院办公厅转发了《民政部关于在全国推进城市社区建设的意

见》。由此，社区建设在全国各地如火如荼地开展起来，并在当时的历史条件和社会背景下作出了一系列具有重要创新意义的探索，包括早期社区建设实践中出现的上海模式、沈阳模式、武汉模式等。这些模式的共同特征在于：它们都试图将政府管理的重点向下沉，赋予了街道办事处对于社区管理的“准政府”权能。这个时期的“社区建设”实践，在一些社区公共服务与管理方面确实发挥了极为重要的作用，也解决了一些弱势群体的必要需求。但是，人们深入分析后发现，这种“社区建设”体制仍旧只是政府行政体制内部的行政权力和职能的重新调整，并没有解决政府在社会领域政社不分、政社混淆、以政代社的弊端(徐永祥，2008)。在社区建设中仍是“只见政府、不见社会”，没有调动社区内各类主体的积极性，也不可能将社区建设成“生活共同体”，社区仍是政府行政管理的“单元”，质言之，社区是国家治理的基本单元(杨敏，2007)。笔者将这种未对社区进行“如其所是”的内涵建构与实践推动的现象，称为“社区的脱嵌”或“脱嵌型社区”(徐选国，2016)。因此，社区建设到底建什么？首先要明确的是社区的本质与内涵。近二十年来，如何追寻社区的本质，如何进行社区“如其所是”的本质建构，成为政府、学界和实务界一直努力探寻的方向。

(二) 社会组织：社会建设的组织载体

有学者发现，实践推动过程中出现了社区行政化增强、自治性不足等情况，也就是有些学者提出的所谓“社区建设的内卷化”问题(何艳玲、蔡禾，2005；王婷，2010)。从较为根本的层次上讲，通过政府原有体制和体系来做这样一系列社会事项，导致出现了政府的“越位”“缺位”“错位”等多重问题。如果说单位制在社会动员方面较为有效的话，那么，在单位制解体之后，这种动员效应和动员传统基本上不复存在。如笔者前面阐述的，这个时期的人们处于与国家直接相对的关系结构中，社会大众出现问题时只能去找国家，在此过程中出现了一些群体性事件、信访事件等问题。国家是有限的(米格代尔，2013)，而在没有其他组织化载体来承担相应的社会权能的情形下，这种有限的国家就无法有效应对上述诸多问题。因此，从本质上讲，需要在"国家—个体/家庭"两极关系框架中重新建构一种具有桥梁组带作用的组织化机制（田毅鹏、吕方，2009）。正是基于此，有学者敏锐地指出，在中国社会转型加剧，以及全球化、市场化、城市化等衍生出的一系列社会问题面前，社会的再组织化成为当前加强社会建设与管理的重要命题（徐永祥，2008）。如何实现这种社会的再组织化，其中具有重要共识性的观点是：要重视和加强非营利社会组织的发展（徐永祥，2006；郑杭生，2006；文军，2012）。在学界的推动以及社会发展的现实需求双重力量影响下，中央文件逐渐将社会组织纳入国家建设与国家治理的宏观议事日程中，尤其是党的十八大报告提出要"加快形成政社分开、权责明确、依法自治的现代社会组织体制""引导社会组织健康有序发展"。党的十八届三中全会进一步指出，要"正确处理政府和社会的关系，加快实施政社分开，推进社会组织明确权责、依法自治、发挥作用。适合由社会组织提供的公共服务和解决的事项，交由社会组织承担"。这些重大举措为社会组织参与社会建设、社会发展提供了重要的合法性依据。尽管近十年来社会组织在中国取得了显著发展，但与国际先进经验相比，仍然存在每万人中社会组织的占比较低、社会组织中从事专业性社会服务的组织规模较小、社会组织从业人员自身专业能力与本土问题之间的适配性不足等一系列问题。

（三）社会工作：社会发展的保护机制

二十世纪九十年代以来，社区管理体制之所以随着个体化、原子化社会特征彰显，以及因多重风险社会特征的聚集出现"失灵"现象，从根本上讲，源于政府行政体制下的工作方法与基层社会大众的互动缺乏亲和性。换言之，基层社区大众更需要的是柔性的、人性化的公共服务，而不是行政化色彩浓厚的管理服务。而传统的基层社区工作者受限于政府自上而下的工作指派和绩效考核的双重压力，不得不借助行政动员式方法来开展工作。这种传统社区工作方法与现代社会大众权利意识觉醒、消费者和服务使用者姿态等现实情形日渐分离。因此，具有专业性、职业性相结合的社会工作人才队伍成为社区建设不可忽视的重要力量（徐永祥，2004a/2004b）。这种观点主要借鉴了世界先进发达国家和地区的实践经验，并持续推动着学界与政府的对话。同时，2006 年党的十六届六中全会提出要“构建一支宏大的社会工作人才队伍”的战略举措，并将社会工作视为加强社会主义和谐社会建设的重要力量。以此为标志，学术界形成了一股推动和重视社会工作参与社会建设的共识性思潮，即强调社会工作在推动社会建设与社会发展中的积极作用（徐永祥，2005a/2005b/2007；王思斌，2007/2009；张昱，2007；文军、2008；顾东辉，2008；向德平，2008）。这一共识性的理解，在笔者看来，就是将社会工作引入市场化的中国语境之中，以回应由市场化、城市化和工业化所造成的社会破坏及其问题的社会保护机制（徐选国，2016）。

值得一提的是，在学界的推动下，上海在实践中较早引入了专业社会工作力量参与社区建设。例如，二十世纪九十年代，上海市民政局较早地从专业院校引入社会工作与管理的专业人才到浦东新区参与社区服务工作，开创了全国社会工作专业化、职业化实践的先河。2003 年，在上海市民政局于华东理工大学召开的“社区建设与社会工作研讨会”上，徐永祥教授提出社区建设要引入专业社工、社会工作机构，要尽快建立社会组织、社工进入社区的制度框架，以及社区、社会工作、社工要建立互动机制，要形成联动效果的观点。可以说，这是从学术层面最早对“三社联动”思想进行的阐释。2004 年，上海市民政局在此基础上提出了社区、社工、社团“三社互动”概念（徐富海，2015），并形成了“以社区为工作平台、以社工为队伍抓手、以社团为组织载体”分工合作的工作思路。这在一定程度上引领了全国范围内各地民政部门对“三社联动”的探索。

可以说，以社区、社会组织和社会工作构成的“三社联动”在中国现代化进程中的出现有其必然性。从根本上讲，“三社联动”就是对长期以来“无社会”的总体性社会的机制弥补，是对传统的政社不分、以政代社体制机制的重要创新。因此，它在本质上是对传统的有关国家与社会关系的重构与突破。

二、"三社联动"的理论基础及其批判

如何推动我国"三社联动"参与社区建设和社会发展，并使其发挥持续、稳定、长期的联动效应，需要吸收各种理论观点和思想的精华，为我国"三社联动"的实践和制度安排提供认识基础和理性架构。纵观学界有关"三社联动"的理论探索，主要包括四个方面的理论。

（一）社会资本理论

社会资本理论认为，国家与社会的协作是互补与嵌入的结合，互补创造了国家与社会进行富有成效互动的基础，而嵌入则使两者通过合作实现双赢。当前，影响"三社联动"的因素有两个：一是社会资本的缺失，二是对社区的社区社会组织、专业社工等现有资产整合不足。以上两个问题主要由于宏观层次的社会环境变迁，中观层次的社区治理体制缺乏创新，以及微观基础活力不足等因素所造成（李惠斌、杨雪东，2000）。"三社联动"应在充分整合与利用现有社区资产基础上培育社区社会资本，尤其是要根据社会公众需求，不断衡量和调整政策目标。

（二）公共治理理论

公共治理理论认为，应在政府管理和公共部门中引入市场和社会力量，弥补政府管理成本高、效率低的不足；实现政府服务以社会民众为导向，增强社会民众需要的响应能力；根据服务内容、性质、社会需求的不同，采取相应供给方式，提高政府公共服务质量；将治理理念引入社区管理体制和机制的创新实践中，形成社区治理。这是一种政府、社会组织、居民及辖区单位、盈利组织、非营利组织等主体基于市场原则、公共利益和社区认同，协调合作，有效提供社区公共产品，满足社区需求，优化社区秩序的过程与机制（彭科幻，2009）。社区、社区社会组织、社工是参与基层社会建设、促进社会良性运转的重要力量。在社区治理理论视角下，政府应鼓励社会组织、企业、居民积极参与社区管理，并提供参与渠道，充分发挥其作用。

（三）社会系统理论

社会系统理论认为，应将社区作为社会大系统中的子系统，注重城市社区发展与社区系统的整体优化、社区发展与社区结构功能的耦合、社区发展与社区内部调节机制的关系。此理论向实践者强调平衡正式的组织需要和组织成员的需求同等重要，而且指出人员及组织需求间互动和关系的复杂性（叶南客、陈金城，2010）。因此，应通过整合党委政府组织、居民自治组织、企业与非政府组织以及居民群众个体的资源，形成共同参与、主动关联的多层架构、网状联结、功能融合、优势互补的新型服务管理主体，为推进社区社会组织发展、社工人才建设以及和谐社区建设提供坚实的保障，从而通过社区体制改革为推进“三社联动”提供理论指导。

（四）嵌入性理论

对于中国社会工作发展方式，王思斌提出了“嵌入性发展”理论。这种观点认为，我国社会服务在总体上是由政府主导和提供的，社会工作进入中国实际的社会服务领域并且得到发展的过程就是社会工作嵌入的过程。社会工作与社区、社会组织协同合作，从一定意义上来说，就是一种专业的嵌入方式。在“三社联动”中，社会工作作为重要的专业力量参与社会政策倡导、专业社会服务传递，被政府、社区以及社会组织寄予较高的期望，这种期望使得社会工作在“三社联动”中发挥着专业主体角色作用（王思斌，2011）。笔者从“嵌入性”的两个维度（本体论嵌入和方法论嵌入）建构了“双重嵌入”的分析框架，以重构基层治理实践中政社互动的宏观逻辑；并将社区纳入国家与社会关系的分析架构中，以探究政社互动的微观机制（徐选国，2016）。同时，在此基础上，笔者进一步从嵌入性理论中寻求“三社联动”参与基层社会治理创新的理论依据。这一理论要求地方国家以及“三社”内在地遵循“社区嵌入社会”的本质机理，并从“脱嵌的社区”状态向“社区的再嵌入”转变，进而形成一种基于政社分开与团结基础上的基层社会治理机制（徐选国、徐永祥，2016）。因此，嵌入性理论从更深层的方面为分析“三社联动”及其与其他基层社会治理之间的本质关系提供了更为有效的解释框架。但是，社区如何具体嵌入社会，"社区再嵌入"的基本特征以及在嵌入性理论支撑下的"三社联动"的功能、机制及其所产生的特征与效应，仍待进一步观察、研究和实践。

第三节　基层治理的社会性：一种"三社联动"的新型分析框架

笔者认为，对"三社联动"机制的理解应该从社区管理视域转向基层治理的视角。当前，"三社联动"已成为城市基层社会治理的重要创新机制，这与"三社联动"诞生之初的社会结构脉络有着极为显著的差别，这种差别主要体现在："三社联动"最开始的提出是置于社区体制更偏重管理的时代背景和实践框架之中的，因此，"三社联动"的内涵更多的是一种边缘化、补充性角色；而当前将"三社联动"置于基层社会治理这一注重治理、服务、协商与合作的议题中，更加体现了"三社联动"与政府的互动合作机制，在此基础上彰显了基层治理的社会性意涵与特征。

一、社区管理视域中的"三社联动"：历史贡献及其限度

（一）"三社联动"的历史贡献

"三社联动"的产生是基于单位制解体以来的原子化危机和个体化社会风险脉络下的社区整合与社会再组织化的诉求，因此，它在当时的社会变迁与社区管理方面发挥着极其重要的作用，主要体现在：

1. 社会支持功能

房光宇(2015)认为，在角色职能上，社会工作机构主要是作为"支持性"的角色，帮助街道建立一系列联动工作机制，孵化社会组织，推动专业人才队伍和志愿者队伍建设。而社区社会组织则是在街道办事处的领导下，在支持性的社会工作机构和社区居委会的指导下，为社区提供直接服务。在

联动方面，建立联席会议制度最大的成效是保证了社区、社会组织、社工之间的互动，让“三社”不再分离孤立，而是能够有机结合在一起，并形成联动效果。王思斌(2015)提出的“优势主导的三社联动”也体现了社会支持的功能，即“三社”中谁在社区事务管理和处理上有长处、有优势，谁就主导，其他各方联动参与和协助，“三社”的三个主体之间是平行与合作的关系。在很大程度上，“三社”成为互相存在的前提，共同构成社会困难弱势人群社会网络体系建构的重要力量。

2. 社会服务的功能

“三社联动”是协助民政部门提供社会服务的重要力量。推进“三社联动”，就是要充分调动社区组织、社会组织、专业社工和志愿者等力量，做到各个主体有机融合、相互促进，充分发挥社区广纳各方、包容共享的平台优势，发挥社会组织立足公益、机制灵活的载体优势，发挥专业社工深入基层、助人自助的专业优势，做好做强基层社会治理和社会服务网络，以促进民政范围内资源的有效整合，更好地发挥民政在社会建设中的骨干作用。从根本上讲，推进“三社联动”是为了更好地激发社会活力、完善社区服务体系，为广大居民提供精准有效的服务，促进基层社会治理体系和治理能力现代化。民政部有关“三社联动”的工作思路强调，社区、社会组织、社会工作专业人才都是具有自治性质、延伸政府臂力、实现社会协同、促进公众参与的社会主体。民政部门承担社区建设指导、社会组织管理、社会工作职业规范等职责，要做好今后五年“三社”工作并加强相互联动，让人民群众和社会各方有更多机会参与社会治理，增进全民共建共享，增加社会和谐因素，增强经济社会发展活力。在社会治理中，社区是综合平台，社会组织是载体依托，社会工作专业人才是一支不可或缺的专业力量，三者相互依存、相互交融、相辅相成。这表明，“三社联动”的基础条件是“三社”主体的培育发展，关键是“三社”之间的协调融合，核心是“三社”之间的有效联动，从而激发基层社会活力、参与社区建设。

3. 社会治理创新的功能

党的十七届五中全会强调，要加强和创新社会管理，切实维护社会和谐稳定。加强和创新社会管理，建立社区、社会组织和社工"三社联动"机制，有助于更好地服务于群众，促进和谐社区发展（张华林，2011）。2013 年党的十八届三中全会提出"创新社会治理"以来，进一步突出了社会治理体制机制创新。强调社会治理不应再是单一的政府行为，良好社会秩序的建立，需要政府管理与群众自治紧密结合，需要政府与群众及社会组织相互协作和共同努力。具体来讲，社会治理需要从以政府为单一中心的一元化管理，走向与社区、社会组织、社工"三社联动"相结合的多元化治理。这种多元化的治理方式，要求充分调动各种社会力量的积极性，并充分发挥各自的优势，对政府的管理起到很好的补充作用，同时也有助于降低政府的管理成本。因此，"三社联动"可以视作社会治理创新的重要表现形式。

（二）"三社联动"的实践限度

"三社联动"的开展对于基层社会管理和社区建设产生了一定的效应，其本身在实践和制度探索方面也取得了初步成效。但在发展过程中仍然遇到了许多问题。笔者在上海、广东、江苏、浙江等省市的调研发现，"三社联动"所追求的高效协调治理体制和运行机制还未形成，主要存在三个方面的局限（徐富海，2015）：一是社会治理空间有限，政府让渡空间还不够，社区治理中行政化色彩比较明显；二是社会资源不充足，社会组织处于发展的初级阶段，吸取资源能力弱，承担的公共服务有限；三是"三社"发展失衡，社工专业化及其作用发挥有限，人才队伍不稳定。

基于前人的实践经验，有学者总结了"三社联动"存在的问题（卢文刚，2016）：一是观念认识不足、体制不顺。一些部门对"三社联动"的重要性缺乏认识，顶层设计者对"三社联动"的内在机制研究不足，支撑"三社联动"的政策法规框架及科学有效推动"三社"良性发展的体制、机制有待优化。二是政策制定缺乏协同联动。党和政府已出台了关于社区建设、社会组织、社会工作人才队伍建设的相关文件，没有政策系统引导的"三社联动"实践必然会出现协同不足的情形，一些负责社区建设、社会组织、社工人才队伍建设的不同部门各司其职、各自为政，联动仍停留在口号上、概念上、文字上。

三是依赖性强、自治水平低。社区工作经费大部分依赖政府财政支出，导致“三社联动”工作基本围绕政府的中心工作开展，以社区需求为出发点的、独立性的活动相对较少。四是行政主导多、社会参与少。在当前社区建设和治理过程中，社区党委、社区居委会、社工在很大程度上代表政府部门下达命令和执行政府部门下达的任务，主要方式还是通过行政化的形式来运作，使“三社联动”中行政主导性较强，一定程度上阻碍了社会的广泛参与，抑制了社会力量在社区治理中作用的发挥。五是“三社联动”保障机制不完善。在具体的社区实践中，各主体联动的方式、途径及其深层次联动缺乏制度保障和机制探索，难以形成持续性、长久性、发展性的治理脉络。六是联动科技含量低，信息互联有待加强。在社区各治理主体的互动网络中，科技可以在信息共享、资源调配及效应扩散等方面发挥至关重要的作用，但其信息互联的广度、深度及向度还有待进一步提高。

还有学者在实践中发现“三社联动”的发展瓶颈：一是政府对社会组织的让渡空间、购买服务力度不够。部分地方政府没有全面转变职能，落实购买服务，也没有制定“费随事转”的配套政策。还有些地方政府虽然只是落实了购买服务的职能，但大部分是与相关社会组织直接协商的结果，而不是真正通过公开招标挑选承接公共服务的社会组织。二是社会组织造血、承接功能不足。多数社会组织缺乏高水平的从业人员和组织管理人才，承接的服务多集中在养老服务、教育服务和创业就业服务等方面，其他领域的服务基本为零。三是社区、社会组织、社工三者对接互动机制不完善。由于工作多、待遇低等原因，部分人员思想不稳定，也影响了队伍的稳定。还有些地方的社区服务项目、社会组织重要活动和社工人员经费等保障不力，社区活动难以正常开展（杨炫昆、孙建丽，2016）。

总之，“三社联动”在推进过程中存在的主要问题有以下几个方面：一是“三社联动”尚未形成制度化的机制，尤其是社区在“三社联动”以及基层治理中的核心定位尚未达成共识；二是社区社会组织有了一定的发育，但种类不平衡、能力有待提升；三是社会工作专业服务发展的外部社会环境需要进一步改善。导致上述困境的主要原因在于：“三社联动”尚未被纳入更具整体性的基层治理体系和框架中，“三社联动”经常被狭隘地理解为仅仅是“三社”（社区、社会组织和社工）的联动，而忽视了“三社联动”背后更为重要的“国家”或政府元素。因此，在很大程度上，“三社联动”关怀的是国家与社会，抑或是政府与社会之间的逻辑关系，是从微观层面探索和重构地方国家与基层社会关系的重要创新机制。

党的十八届三中全会提出了推进国家治理体系和治理能力现代化的战略举措，会议强调，加强和创新社会治理，关键在体制创新，核心是人，只有人与人和谐相处，社会才能安定有序。推进“三社联动”，不断激发社会活力，体现了社会治理创新的内在规律和必然要求。“三社联动”是社会治理体制创新的重要领域。推进“三社联动”，就是要切实发挥基层党组织的领导核心作用，充分发挥政府主导作用，在基层社会治理和社会服务中，引导社区组织、社会组织、社工机构紧密团结在党组织周围，在平等参与、协商互动中共同服务居民群众，共同承担参与社会治理的责任，促进社会融合发展，推动社区自治。

二、基层社会治理的重要命题：“三社联动”的视角转换

（一）在国家—社会关系中理解“三社联动”

在进入国家与社会的互动关系讨论之前，有必要首先对本章所讲的国家、社会的基本内涵及外延进行初步的界定，并进一步将二者纳入基层社会治理脉络中进行分析。韦伯对“国家”进行过极富创造性的建构，即现代国家是一个施行支配的必要组织，是一种人支配人的关系，一种由合法的暴力支撑的关系，是在给定疆域中成功地垄断暴力的合法使用权的人类共同体。希尔斯（1975）指出，国家是民族或人民的化身，它是一个有目的性、有凝聚力的实体。米格代尔（2013）尝试在韦伯等人论点的基础上重构国家定义，即国家是一个权力场域，其标志是使用暴力和威胁使用暴力，并受到民众的观念和国家各个组成部门的实践所形塑和影响。韦伯的国家观具有抽象性

和理想性特征，强调国家的独立性，与其他社会力量之间有明显的界线，且强化了国家权力至上和国家能力的无限性；希尔斯的定义更符合一种民族国家对于“国家”意义的理解；而米格代尔则进一步将国家推向了更接近现实的境地，即国家具有权力属性，且这种权力会受到民众的观念和组成国家的不同部门的实践所影响，这个定义暗含着国家与社会的关系在本质上是一种相互改变、相互强化、相互构成的关系。

米格代尔的国家观对我们理解当下中国语境中的“国家”含义具有重要启示：其一，国家的存在与社会相互依存；其二，国家并非铁板一块的抽象实体，而是由诸多具体的部门及其实践构成，体现了国家的不同层面；其三，国家能力具有有限性，这成为国家与社会的联结点。在此基础上，笔者认为，中国的“国家”既是代表中华民族的实体组织，又因其具有不同层次和结构而形成了一套复杂的权力网络体系，在行动实践上表现为中央、地方各级政府运用权力进行公权力实践的各个方面。正是在这个意义上，笔者认为：国家既是抽象的，又是具体的；既指整个民族，又可以是一种民族凝聚力；既指中央政府，也可以指称中央政府以外的各级地方权力体系（笔者将后者统称为“地方国家”，体现出国家在基层的表现形态）。在基层社会治理实践中，国家意指具有权力、权威的地方政府，包括省、市、区（县）、乡（镇）以及街道等层级的权力主体。

关于社会内涵的论争，至今尚未停止。社会概念最早在柏拉图的《理想国》中被具体化为城邦，因而，体现了较强的政治社会属性；马克思有关社会的概念更多地强调国家以外的领域，因而形成了国家与社会分离的深层传统；涂尔干将社会视为一系列社会事实构成的有机体，因而它是一种集体性存在，具有强烈的道德和宗教属性（梅勒，2009）；波兰尼在涂尔干的基础上，指出社会具有实体性，相对于市场的不断入侵，一种具有反思性、反作用力和自我保护的社会随之出现，这样的社会包含着各种义务、互惠、宗教、行为模式以及一系列能够引导人类冲突和欲望转向非经济目的的其他社会关系（波兰尼，2007）。可见，社会的内涵经历了与政治国家一体、分离到具有集体性、实体性、道德性的具体化的社会结构或关系的过程。尽管上述思想仍具有高度抽象性和概括性,但其内在地确立了社会的本质属性,尤其是涂尔干、波兰尼的社会观为我们建构社会意涵提供了深刻的启发:社会具有客观性,同时,其具有对市场等试图破坏社会的力量的反向约制作用,因而体现出社会的能动性与自主性;社会有各种不同的利益主体,但根本是为最广大的社会公众的利益而存在,正是在这个意义上,社会与作为公权力和公共利益代表的国家具有互构共生关系。具体而言,社会在具体实践中由国家、市场以外的各种追求社会理性的社会力量构成,在基层社会治理场域中,这些社会力量包括社区、社会服务组织、社工等具体行动主体。

(二)基层治理中的"三社联动":一个创新视角

"三社联动"是基层社会治理的重要构成,因此,它并非仅仅是"三社"之间的互动关系,本质上,它是国家与社会在基层治理实践中的互动逻辑,旨在实现基层治理的社会化目标。尽管有学者强调政社分开与合作应成为"三社联动"的有效前提,但在中国语境下,支撑政社分开的理论依据尚不明晰。学术界长期沿用的公民社会、法团主义理论已经被证明其在解释中国特定本土问题上存在多重困境。因此,"三社联动"之于基层社会治理这一议题,必须探究两个理论上的问题:一是"三社联动"需要以政社分开为根本前提,那么,需要进一步回答政社分开的理论依据是什么?二是什么样的政社关系才有助于实现"三社联动"参与基层社会治理的目标?关于第二个问题,尽管实践中不断强调从原先的管理传统向治理路径转变,但在当前语境下尚缺乏平等合作的条件和环境。由此,笔者认为,基层社会治理要求政府与社会力量之间形成一种相互团结的关系格局,即强调政社分开与团结是"三社联动"实践中应坚持的基本逻辑关系。这就回答了上述第二个理论问题,但仍需要进一步追问第一个理论问题,即支撑政社分开与团结的理论依据是什么?这是"三社联动"得以成为可能的深层机理,也是目前学界普遍忽视而实务界难以将"三社联动"加以深化的主要原因。笔者将进一步构建"三社联动"的基本理论依据。

三、基层治理的社会性："三社联动"机制的一个新框架

本章在分析视角上的创新即体现为将“三社联动”放置于基层治理这一宏观脉络中进行分析和考察，那么，基层治理对于“三社联动”意味着什么？或者，“三社联动”在基层治理中的结构性位置和建构性功能是什么？这需要从理论上为“三社联动”与基层治理的关系寻求一个合理的解释框架。笔者认为，在方法论层面，“三社联动”体现的是“三社”之间及其与地方政府的关系，更进一步讲，就是国家与社会的关系问题；而基层治理同样体现的是地方政府与基层社会各主体之间的关系，本质上也是国家与社会的关系问题（徐选国、徐永祥，2016）。因此，朝着国家与社会的关系进行探究，有助于我们寻找和建构出符合时代需要的“三社联动”之理论依据。

（一）政社分开与合作："三社联动"的根本前提

笔者认为，“三社联动”是基层社会治理的有机组成部分，因此，它并非仅仅是“三社”之间的互动关系，在本质上，它是国家与社会在基层治理实践中的互动逻辑，具有明显的政社互动关系。以往学者已经不同程度地认识到这一点，并将这种政社互动关系分为两个层面的含义：一是强调政社分开，即要从原先总体性社会中政府大包大揽向政社分离转变，强调政府与社会力量各自的优势及功能边界（徐永祥，2004），体现了基层社会治理参与主体的多元性诉求；二是强调政社合作，即认为在推动“三社联动”参与基层治理过程中应该实现政社关系的平等合作与伙伴关系（徐永祥，2008），合作意味着互动双方之间的地位、权力、资源等方面具有平等或均衡的特性，体现了多元主体参与基层社会治理的规则问题。

笔者认为，强调政社分开确实是推进“三社联动”的有效前提，但是，在中国语境下，支撑政社分开的理论依据是什么？这种政社分开的理念内在地要求现有治理模式从原有的单一管理导向转向多元治理导向。这种转变至少包含以下三层含义：一是从政府的行为角度，统治、管理或管控已经造成诸多问题，因此，政府职能转变和角色调适，成为社会结构变化的重要维

度;二是从社会力量的角度,原先社会结构中“社会”的缺失状态,使得整个社会缺乏活力,因此,在社会力量不断成长的过程中,社会性要素成为社会治理的重要动力;三是基于政府与社会力量的目标维度,二者在实现公众利益、促进社会发展方面具有共同的目标追求,因而呈现出一种有机团结而不是此消彼长的二元关系机制。

（二）嵌入性理论:基层治理的社会性与“三社联动”的内涵

从以往研究来看,相关研究并未关注“三社联动”的根本机制问题,即“三社联动”何以可能的根本逻辑问题。笔者试图从波兰尼和格兰诺维特的“嵌入性”思想中寻求破解上述困境的出路,尝试性地建构出一个整合性理论分析框架来回答下列两个关键问题:一是“三社联动”何以发生(“三社联动”的逻辑动因是什么);二是“三社联动”的实践逻辑是什么(多主体之间如何联动以及联动机制是什么)。换言之,通过借助“嵌入性”思想,我们需要回答基层社会治理中的政社关系问题。如上所言,笔者认为,“三社联动”应该在一种政社分开与团结的关系框架下予以实践,嵌入性理论可以为我们提供一种解释政社关系的理论分析框架。该框架具有如下理论观点:

第一,嵌入性理论强调两个相互关联的事物之间的本质性关系。在卡尔·波兰尼的思想中,市场嵌入社会是二者的本质关系(波兰尼,2007)。“嵌入性”具有本体论和方法论两重意义:本体论嵌入强调两个事物之间本真的、如其所是的关系状态,例如市场嵌入社会是二者形成顺畅关系的根本逻辑;方法论嵌入则强调两者之间可以有多种嵌入模式,这种意义上的嵌入未必具有内在规定性,只是强调某个事物要变好,可以通过嵌入到另一个事物的方式来实现。笔者进一步认为,社区与社会之间的关系类似于波兰尼所论述的市场与社会的关系,即社区从根本上嵌入社会而非其他(徐选国,2016)。自二十世纪九十年代以来,我国轰轰烈烈地进行着自上而下的社区建设运动,导致了社区异化或内卷化现象(何艳玲、蔡禾,2005),笔者将此现象称为社区的脱嵌,即社区偏离了其应有的运行轨道。基于此,要实现基层社会秩序的重构目标,就必须实现社区“再嵌入”社会。因此,嵌入性理论为我们提供了分析两个或多个事物之间关系的如下关系逻辑：社区嵌入社会（本体论）—社区的脱嵌（实践论）—社区再嵌入（方法论）。

第二，基于“社区嵌入社会”的根本逻辑，政府与社会力量之间逐渐形成新的关系逻辑。即社区属于社会而非国家的本体论思想，逐渐改变了长期以来社区作为国家治理单元的情形，使基层政府越来越意识到过度行政权力下沉或渗透在社区治理中存在的问题，因而试着转变职能、重构地方政府与基层社会之间的关系，由原先“无社会”情形下的总体控制向引入社会力量、培育社会组织、激发社区活力的互动关系转变。这种关系转变的根本前提是，政社双方意识到社区这一空间的关键属性：一是社区作为社会的有机构成要素，具有明显的社会性；二是社区作为公共权力与社会力量在最基层的互动空间，成为联结国家与社会的最关键要素，具有明显的媒介性；三是社区作为联结个体与社会公共议题之间的载体，具有明显的公共性。正是由于将社区这一关键变量纳入国家—社会关系分析框架中，突破了长期以来有关国家—社会的二元论思想，社区才因此成为考察地方国家与基层社会关系的核心变量，“社区嵌入社会”成为分析地方政府与基层社会关系的新型视角，也成为“三社联动”参与基层社会治理的根本逻辑机制。

第三，在对社区的本质属性（社会性、媒介性、公共性）逐渐达成共识的基础上，地方政府及社会力量等主体应该如何行动，让“脱嵌的社区”回归其本原状态，进而实现社区的再嵌入？以往关于社区建设的理论观点主要包括两种取向：一是强调党和政府对基层社会的渗透，强调基层建设中的国家主导性。例如，有的学者用“社区行政建设”来指称社区建设中城市基层的行政化建设（朱健刚，2010）；还有的学者认为，社会资本是社区建设乃至国家重塑基层社会生活共同体的核心要素（刘春荣，2007）。二是坚持基层社会的自主性和自治性特征，这类观点认为，城市社区改革的深入推进，为城市基层带来了一个独立于国家的社会空间（陈伟东、李雪萍，2004）。无论是强调国家权力渗透与吸纳，还是强调社区自治，它们共同的缺点在于：从方法论的视角来理解社区，即社区更多地具有工具性含义，它要么作为国家整合或管理基层社会的单元，要么作为社会自治的单元，忽视了社区的本体论意涵；它们彼此坚持一种二元论视角来开展社区建设，而缺乏一种双重性的视角来理解国家与社会关系（徐选国，2015）。如前所述，社区在本质上具有社会性、媒介性和公共性，它是多元行动主体共生的空间和场域，正是在此基础上，社区成为联结地方国家与基层社会的重要纽带。可见，社区在回归其本质属性的同时，不断重塑着国家与社会的关系格局。

概而言之，嵌入性理论分别从本体论、实践论、方法论层面为我们提供了分析"三社联动"参与基层社会治理的实践机制：在本体论上，"社区嵌入社会"内在地规定了基层社会治理过程中相关主体的互动关系，政府与社会力量（以"三社"为主）之间并不是利益上的对立者，而是基于社区建设这一共同目标下的共生者，它要求地方政府与基层社会力量之间形成一种相互团结的互动机制；在实践论上，自上而下的社区建设运动进一步催生了社区发展的内卷化现象，出现了所谓的"脱嵌的社区"；在方法论上，如何促成"脱嵌的社区"回归"社区嵌入社会"的本真状态？这需要通过一系列策略化路径实现社区的再嵌入。质言之，嵌入性理论为我们分析"三社联动"和基层治理提供了一种强调"社会性"为导向的理论与实践路向。

第四节　梅村"三社联动"的运行机制及其实践逻辑

梅村是二十世纪九十年代建成的动迁安置社区，不同安置人员聚集于此，人员异质性较强。社区初建成时，没有围墙，经常有小偷"光顾"，给居民带来很大的困扰，加上物业管理方面的服务比较滞后，梅村居民与居委会、党总支、物业，乃至上级政府之间存在着有形无形的冲突。同时，梅村又面临着因中环建设而被动迁的选择，当时的政策规定，离中环12米以内的家庭可以被重新安置到其他地方，而在这个标准线附近的很多居民因为不能享受动迁安置而向居委会、街道“说理”，试图争取自己也能有被重新安置的机会，上述事件加剧了原本就积压起来的社区矛盾，冲突随时可能一触即发。

从社区建立到2010年以前，梅村一直是远近闻名的“垃圾村”。这里长期存在着环境脏、乱、差的问题，部分居民随地乱扔垃圾、高空扔垃圾、在楼道里随意堆放废弃物等，使整个社区乱成一团。虽然以前的社区治理主体（党总支、居委会）也曾试图进行环境改善，解决上述问题，但效果都不甚明显。居民之间和居民与党总支、居委会之间，居民与物业之间的矛盾日益激化，社区秩序缺乏根本的保障。自2007年以来，新一届党总支和居委会队伍进一步寻找社区治理的突围之策，尤其是从2010年成立“绿主妇”环保行动小组开始，梅村的治理进入了一个新的阶段。

本节将具体分析上海梅村“三社联动”的运行机制及不同主体参与社区治理的实践逻辑。

一、朝向“社区为本”的合作行动：梅村“三社联动”的根本机制

在“绿主妇”行动小组的基础上，梅村党总支、居委会获得了一些公益性组织的帮助，例如，北京地球村环境教育中心、万通公益基金会等，并与这些组织建立了良好的合作伙伴关系。在这些组织的支持和指导下，梅村党总支、居委会尝试将“绿主妇”环保行动进一步合法化、实体化，并通过法律程序建立了环境保护指导中心，以此为平台，成功开发和运行了“垃圾分类减量”“家庭一平米菜园”“绿主妇议事会”“爱心编结社”等社区自治项目，同时，与社区学校合作开发了“凌云生态家”低碳屋、菜园坊云教室等品牌项目，实现了多元行动主体合作参与社区环境治理的重要组织化机制。

笔者认为，梅村环境治理成功的根本原因，是在共同遵循社区实际、嵌入社区情境、再造社区公共空间的前提下，不同行动者之间基于“社区本位”的实践逻辑，形成了一种有组织的合作行动。正是这种新的社区公共空间的产生形塑着不同行动者之间的关系，并促进了各主体关系的重组。在梅村环境治理实践达到一定程度后，新的社区公共空间的雏形不断凸显，推动

着梅村新的环境治理结构的出现。

这种新的治理结构催生了一种有组织的合作行动，确保了社区环境治理的可能性。笔者认为，这种有组织的合作行动并非遵循着以往许多学者认为的理性逻辑，也即，并不是完全以理性选择和利益驱使为核心动力决定行动者之间的合作行动，而是不同行动者基于重构社区公共空间、回归社区本质、促进个体与社区之间的公共性联结为根本逻辑基础上的合作实践与行动。

具体而言，从参与主体上，梅村多年来虽然不间断地进行着一些环境治理实践，但这些实践主要以党总支和居委会这类"权力主体"为核心进行，这个阶段的环境治理更多是应对上级政府的工作检查所需。在X区环保局的大力推动下，梅村党总支和居委会召集了一部分居民参与到垃圾分类回收活动中，但由于垃圾分类回收后没有相应的处理和持续机制，使得居民用心分类的垃圾等到垃圾车来的时候，又变成了毫无价值的"大杂烩"，这打消了居民的参与积极性。后来的实践表明，单一的垃圾减量活动远远不能满足居民参与社区事务的需求，于是，扩大兴趣点和搭建参与平台成为梅村党总支和居委会进行的一大创新。依托十名社区主妇组成环保行动小组，带头开展垃圾减量与分类回收，采用垃圾分类回收积分制方式，一定程度上提高了大家的积极性。

在组织载体上，为了克服以往单一主体"唱独角戏"的现象及其弊端，党总支引领居民骨干和居民将可以回收的废旧物品制作成各种精美的艺术品或日常生活用品，并通过开发"家庭一平米菜园""绿主妇议事会""爱心编结社"等品牌项目，为居民参与搭建了更多可选择的平台。"绿主妇"组织通过实体化、合法化和民间化，更接近居民的日常生活实践，能更好地倾听居民的诉求，成为联结居民与党总支、居委会之间的重要桥梁。居民通过参与"绿主妇"组织的志愿活动，强化了对梅村的社区认同及自身角色的意义建构，为自己参与社区环境治理找到了动力来源。在参与实践中，梅村党总支、居委会、"绿主妇"行动小组、社区居民、社区学校等多元行动者采取了共同的合作行动，致力于创建一个新的空间，推动实现社区再造。

结合梅村环境治理的实际，以及本章对行动者、空间生产理论的思考，笔者认为，梅村环境治理的成功主要源于三个方面：一是空间的生产（实践）在行动者与社区之间发挥着联结与调和作用，使不同行动者在进行社区公共空间生产（社区环境治理）实践中能够遵循共同的行动规则；二是由梅村党总支主导的动员型参与在一定程度上激发了社区居民的自主性，促进了居民参与环境治理的动力转换，调动了社区居民的参与积极性和社区氛围，并从根本上找准了不同行动者在其中的结构性位置；三是不同行动者基于社区为本的原则，共同遵循社区情境和社区脉络，在推动社区环境治理实践中使一种新的社区公共空间得以再生产，这种新的社区公共空间又进一步形塑和影响着生产它的不同行动者的思想和行动，促使不同行动者朝向一种有组织的合作行动实践，从而推动社区环境治理成为可能。这就是本章所探究的行动者、空间生产与社区环境治理之间的内在逻辑和行动机理所在。

二、党总支：捕捉居民利益与环境治理的结合点

为什么近年来环境问题日益影响着人们的生活质量和健康水平，但人们却找不到有效的治理对策？从根本上讲，许多地方仍然坚持一种经济理性或技术理性的取向，导致环境治理实践成效甚微。在社区环境问题日益恶化、日益影响社区大众的生活时，对社区环境的治理行动就必须诉诸社区大众本身。正是基于这种想法，在梅村党总支S书记看来，社区党总支进行社区环境治理的核心在于：引导居民自我组织，让社区成员各展所长、各得其乐，以最低成本实现最有效的社区环境治理。具体而言，梅村党总支从三个方面践行其环境治理理念。

（一）寻找“突破点”：从居民实际需求和兴趣点入手

如何破解长期以来形成的环境治理僵局，以及如何更大限度地吸引居民参与到社区环境治理中来？一开始启动社区环保行动时，如垃圾分类回收，虽然得到一部分居民的响应和参与，但是由于活动形式较为单一，参与环保行动的居民主要是一些老面孔，更可能是出于对书记的尊敬而进行的人情化参与，因而无法动员更大范围内的社区居民参与。梅村党总支意识

到问题的症结所在：现有活动较为单一，还不能很好地吸引更多居民参与，换言之，居民的兴趣点和利益点还未得到有效的结合。梅村党总支想到的突破点在于：做这些事情到底与社区居民有无关联？对社区居民有无重要性？这种关联性、重要性如何能够让社区居民认识到？如果仅仅通过一些假大空的道理来激励居民参与是不可能的。那么，如何改变这种困局呢？必须寻找居民利益与环境治理之间的结合点。在微观的社区生活实践中，能够对居民产生实实在在好处的事情，才是他们认为的好事。因此，从根本上讲，梅村党总支抓住了问题的关键，即从居民的利益诉求与环境治理的关系中进行突破。具体而言，梅村党总支连同居委会、社区党员、楼栋长一起，以推广绿色、健康、低碳、环保的生活方式为切入点，激发居民参与社区活动的热情，把社区居民凝聚起来，不断参与到社区环境自治与管理中。例如，在引导居民开展垃圾分类回收与源头减量活动后，又鼓励社区居民参与"家庭一平米菜园""爱心编结社""绿主妇议事会"等项目，激发越来越多的社区居民参与其中。

（二）抓住"核心点"：聚集人气，扩大社区居民参与

梅村党总支S书记告诉笔者，2007—2011年，梅村通过发挥党总支的核心作用，依靠两委班子、两级支部的集体智慧，加上楼栋长和社区积极分子的努力，为开展社区环境治理打下了重要的社会、群众基础。S书记这样说：

"我们建议所有的党员、楼栋长要关心本楼道的居民，家里碰到什么重大问题，家里有人得什么重大疾病，有什么困难，只要你们知道的都要及时反馈给居委会。然后，我们根据他们的具体情况，给予适当的慰问、关心、救助，时间长了，居民都觉得党总支、居委会把他们的事当回事，那么他们对居委会、对社区的工作就会越来越认可。"

有了一定的群众基础，如何更好地聚集人气、让更多居民参与社区事务呢？在S书记看来，应该在社区管理、建设、社区公共事务处理方面，让更多的党员、居民参与进来，像政府说的"扩大居民参与"，实际上就是聚集人气。

如果只空喊党的方针、政策，很少有人会听，老百姓对这方面也不是很感兴趣。在梅村，党总支通过开展慈善、公益项目来激发居民的兴趣，大大聚集了人气。这些慈善、公益项目与居民日常生活实践密切相关，是居民触手可及的事情。通过一些活动平台，将党和政府的一些政策融入其中，不仅能够实现自上而下的治理目标，也满足了社区自下而上的参与诉求，有助于加深社区的再组织化程度。

（三）实现“结合点”：促进党总支的工作宗旨与居民诉求相衔接

在梅村S书记看来，社区党总支在社区环境治理中是至关重要的，要充分发挥其领导核心作用。社区党总支是否有凝聚力、是否符合社区实际，体现了党对基层社会的态度。在社区环境治理实践中，由党总支牵头，不要把职责、界限分得那么清楚，正如S书记所说：

“不要认为这是物业的事，那是业委会的工作，只要有老百姓来居委会办事，就别把他们支走，而是耐心了解他们的诉求，如果涉及与物业、业委会或其他主体有关的问题，居委会干部或者我们党总支成员都会当着居民的面直接打电话联系物业或业委会，当场把事情纳入解决轨道，有时居委会干部会直接上门了解情况，并事后跟进问题处理进展和结果。要让老百姓看到党总支、居委会班子就是一个团结一致的团队，这样老百姓才会认可，才能稳定人心。”

在一定程度上，梅村已经形成了社区党总支、居委会、物业、业委会、社区民警等“五位一体”的合作治理结构。在党总支发挥核心领导作用的基础上形成了“以人为本”“以居民为核心”的社区工作理念。“社区工作，本质是人心的工作”，这成为社区多元主体合作开展社区环境治理的根本支撑。

三、居委会：重塑与回归居民自治的组织化属性

按照《中华人民共和国城市居民委员会组织法》的规定，居民委员会是

居民自我管理、自我教育、自我服务的基层群众性自治组织。这表明，城市社区居委会应该成为促进居民自治的重要组织载体。但在实践中，社区居委会主要承担着上级政府下派的各项任务，导致其在社区工作过程中体现出行政化、官僚化、科层化等特征，脱嵌于其组织属性。在笔者调研的梅村，居委会一开始同样面临着上述问题，居委会的角色定位尚不清晰，面对社区存在的一系列治理困境，居委会仅仅承担着协助物业管理公司向居民收取物业管理费等任务，而在整合资源、促进居民参与社区自治方面的功能基本是缺失的。但是，需要指出的是，这种实践情形与特定的历史社会脉络、既有的体制因素密切相关。在新的历史时期，在党总支的引领下，梅村居委会走上了重塑社区居民自治属性的现代化建设之路。

（一）党总支引领居民自治，转变居委会工作思维

在梅村社区治理过程中，党总支始终发挥着核心引领的作用，引导相关行动者开展社区建设，确保社区建设的方向。其中，社区环境治理是社区建设的重要组成部分，在长期环境问题的困扰下，党总支与居委会联手，为社区居民提供了一系列参与社区事务的平台和机制，在一定程度上促成了社区党总支与社区建设的一体化效应。居委会在履行社区自治组织属性与功能的过程中始终坚持党的领导，这样既确保了居委会工作与社区群众密切联系，也促进了社区党总支与居民群众的良好关系，再造了党在社区的合法性基础。具体而言，我们可以通过梅村党总支对居委会干部的引领并实现更好的工作效能的例子来加以说明。一名年轻的居委会干部在上门进行社区居委换届选举选民登记时，一位居民大叔向其抱怨道：

"我住在这里几十年了，到现在退休，你们居委会从来也没有关心过我啊！我在这里也没有得到你们的什么服务，你们现在要换届选举，跟我也没有多大关系。"

在后来的访谈中，该居委会干部告诉笔者：

“其实这位大叔仍在工作，还未退休。他家条件不错，不是居委会平时重点关注的那些有显性需要的居民，但他就是这样一种心理，认为别人得到过居委会的帮助而自己没有得到，进而认为换届选举这些事与他无关。”

后来，该居委会干部又向S书记抱怨了此事：“这位大伯一直拉着我聊了半天，就那么几句话一直说个不停，耽误了我一个多小时的时间。”S书记以一种非常具有启发性的语言告诉该居委会干部：

“不可以这样评价居民，他愿意跟你一直说是因为他信任你。作为一个社区工作者，你要学会倾听老百姓的诉求。老人都比较孤独、寂寞，他抓住你、跟你谈，就说明他对你第一印象还可以。做社区工作，就是要有耐心、学会聆听，不是缺乏物质条件才需要帮助，缺乏精神慰藉和关怀更需要得到社区工作者的关注。”

这次对话让该居委会干部真正体会到社区工作的本质就是做好人的工作。类似地，党总支经常通过一些实实在在的例子，让居委会干部更好地学会与居民打交道，更好地与居民沟通，形成了良好的互动关系。

（二）变直接服务为借力服务，提升居委工作效能

以往居委会工作存在的一个显著问题是，其经常通过直接服务的方式开展活动。在梅村，居委会干部不到10人，却要面向6 500余人开展工作，因此，一对一的工作模式难以真正奏效。这就要求居委会干部要学会采取一些策略，借助居民中的力量来为更多居民服务。只有这样，社区工作才会更加有效。其中，最为典型的就是，从原先直接面向居民提供服务向通过整合资源、借助相应的组织载体开展服务，为居民提供参与社区事务的活动空间、场地资源，形成一些品牌项目，提升社区居民参与的广度和深度。具体而言，梅村居委会为社区居民提供了场地资源：梅村党总支、居委会从公共用房里拿出三间办公室作为“绿主妇”工作室、“绿主妇”议事会所在地等，并

将老居委会活动室作为“爱心编结社”主阵地。同时，在党总支、居委会的合力推动下，引入外来社会组织的项目资金，为居民以项目化方式参与社区环境治理提供了重要条件。

S 书记曾指出，如果外来组织直接带着资金进入社区开展活动，会把居委会、党委的职能架空。所以，在与外来组织的关系上，冲突、抵制，或者互不相干都是无效的，居委会、党总支应与外来组织有效结合在一起，这样可以促成优势互补和彼此“双赢”的效果。另外，在梅村环境治理过程中，党总支、居委会充分发挥社区楼栋长的优势，动员楼栋长深入了解各自楼栋居民的需求和诉求，并及时反馈给社区居委会或者“绿主妇”议事会，然后社区居委会或者“绿主妇”议事会通过分工协作的形式分门别类地应对和处理来自社区的各类事务，形成社区分类治理的实践逻辑。

正是通过这样一系列借力服务策略和实践智慧的运用，居委会干部不再直接对应每一位社区居民，而是通过一系列社区自组织、一系列社区环保项目，以及一群社区积极分子等载体，推进居委会回归社区自治组织属性的步伐，有效提升了居委会的工作效能。在调研过程中笔者了解到，有的居委会，即使再有钱也不知道要做什么，它就想着把居委会日常的工作做完就可以了，没有想到做更多的事情，这也有怕麻烦的原因。然而，梅村居委会、党委为什么愿意做超出现有工作的许多事情？在笔者看来，社区党总支、居委会通过做这些事情，可以提升开展社区治理的效能；通过社区环境治理实践，能够更好地认识到社区工作的本质，更深刻地定位自身的组织属性。

四、“绿主妇”：一种组织化载体的行动集合

“绿主妇”最初并非以组织化的形式存在，2011 年成立“绿主妇、我当家”环保行动小组时，梅村党总支并未考虑到要以正式组织化的形式来凝聚社区居民力量，并以此促进社区环境治理。当时更多的是对这样一群社区主妇从事环境保护行动的意义建构，也即，作为具有组织化属性的“绿主妇”雏形，“绿主妇、我当家”环保行动小组最初仅仅是对居民从事低碳、环保行动

的一种统称。尽管环保行动小组参与环境治理的成效日益凸显，然而，社区居民参与规模却存在一定的限度，这种现象引起梅村党总支和居委会的共同反思，原先所进行的工作更多以党总支、居委会为组织载体，而长期以来社区居民对两委的工作形成了一些刻板印象，即使近几年居民的认知有所改变，但总体上，作为具有体制意义的党总支和居委会，仍然在无形之中阻碍了社区居民广泛参与社区治理的意愿和行动。因此，寻求一种“第三方”组织形式成为梅村党总支和居委会的共识。于是，2012 年，在 L 街道的支持下，梅村在区民政局登记注册成立了具有独立法人资质的非营利专业环保组织，由梅村党总支 S 书记兼任组织法人，从梅村居委会中抽调出两名干部作为“绿主妇”组织的专职人员，负责以专业组织的形式继续推动社区居民参与社区环境治理事宜。自此，“绿主妇”从非正式的零散活动走向正式的、组织化的社区环境治理实践，构成了社区居民参与社区环境治理的组织化行动集合。

为了清晰地呈现“绿主妇”的组织化行动实践，笔者将对“绿主妇”的标志性项目进行介绍，以展示其联结党总支、居委会和居民之间的纽带和中介作用。

（一）“绿主妇”议事会：联结“国与家”的润滑剂

在以往的社区工作实践中，居委会干部承担着人民调解员的角色，虽然有时通过居委会干部的调解确实能够解决一些问题，但由于居委会的准体制内身份使调解功能受到限制，居民很少主动寻求居委会的调解，一定程度上加剧了邻里之间的紧张关系。梅村则别具一格，在党总支、居委会之外，还有一个由 18 名社区居民骨干组成的“绿主妇”议事会，该议事会由“绿主妇”调解室和“绿主妇”创意工作室两个团队组成，是一个真正由社区内具有一定威望和影响力的居民成立的自组织，社区居民来到“议事会”进行事务调解和诉求表达，都能感受到不一样的效果。

“绿主妇”议事会虽然是一个非正式的自治组织，但是有明确的议事会章程和宗旨，规定了议事会成员对社区热点、难点事务的调研、介入和跟踪机制。其中，在调研方面，"绿主妇"议事会充分发挥楼栋长作为各楼栋居民"连心桥"角色的优势，楼栋长入户了解社区居民的情况，并及时向议事会反馈；议事会成员经过进一步研究和商讨，逐一对收集上来的社区事务进行讨论，运用一系列策略进行调解；在已调解处理过的事件中，议事会成员会不定期跟踪，以了解相关事务的调解效果。在近几年的"绿主妇"议事会实践中，她们成功调解了无数社区事件，成为党总支、居委会的"左膀右臂"（梅村党总支S书记语）。笔者通过几个典型案例来说明"绿主妇"议事会的独特之处。

在现代社会中，养宠物似乎成为人们物质需求之外的一种重要精神生活。在梅村这个小小的生活空间中，有近200只宠物。保洁员每天要为宠物粪便打扫几次卫生，宠物在社区内随地大小便的问题引来了多数未养宠物居民的强烈不满，同时，由于之前的绿化带栅栏较矮，宠物极易跳进绿化带中大小便。尽管居委会在社区内张贴了文明养宠告示，但物业和居委会仍然经常接到许多居民的投诉。后来"绿主妇"们集思广益，对于这个问题形成了新的应对之策。

她们发现"绿主妇"成员中本身就有饲养宠物的社区居民，让这些人以身作则、发挥榜样示范作用，是一个很好的策略。因此，"绿主妇"议事会成员提议，将社区内养宠物的居民召集起来，在周末进行几次"文明养宠沙龙"活动，鼓励大家争做文明养宠户，达到要求的居民可以获得一块牌子挂在宠物脖子上，这样，居民是否文明养宠物就能一目了然，也方便其他居民的监督。这一做法得到了积极响应，社区内养宠物的居民不仅积极参与"文明养宠沙龙"活动，学习有关如何文明养宠物的技能，同时，还配合"绿主妇"议事会成员一起，共同制定了《社区文明养宠公约》。另外，党总支、居委会也争取到街道的资金支持，在原有的基础上增加了栅栏的高度，避免了社区宠物随时进出绿化带大小便的问题。这些举措，从源头上解决了社区宠物导致的环境卫生困扰，在共同遵循的公约指导下，居民们认真践行着文明养宠物的规则。

"社区道路扩宽"也是"绿主妇"议事会通过自下而上方式进行的较为成

功的例子，改善了老旧社区建设之初忽视的停车位建设、道路狭窄等问题，使整个社区秩序井然。"绿主妇"议事会把自治工作的突破口和重心放在女性居民身上，发动一名女性带动一个家庭，进而辐射到楼组形成联动，具有收集舆情、汇聚民智、化解矛盾、民主自治等四大功能。

可见，作为"绿主妇"组织下的一个品牌分支，议事会在很大程度上具有为党总支、居委会分忧，为社区居民化冰霜、谋福祉的重要功能，是党总支、居委会联系居民的重要渠道，是支持、配合、参与居委会各项管理工作的重要力量。我们可以将其视为"国与家"之间的润滑剂。

（二）"家庭一平米菜园"：在公共与私人空间中寻求平衡

在前期"绿主妇、我当家"环保行动小组基础上，为了克服单一活动对社区居民参与积极性的限制，梅村党总支、居委会试图进一步创新活动形式，以吸引更多居民参与。2012 年，上海市妇女联合会启动"美好家园绿色生活——阳台菜园"试点项目，建立并推广"家庭一平米菜园"，进行生态蔬菜种植体验，梅村"绿主妇"成功中标并得到上海市妇女联合会的项目资助。"绿主妇"将项目与前期垃圾分类减量活动相衔接，并邀请技术专家进行种植技能培训，吸引了越来越多的社区居民参与到环保治理行动中来。"家庭一平米菜园"是针对上海特大城市中居民生活空间狭小这一实际问题的一大创新，虽然每家每户的居住空间有限，但如果能够将自家阳台有效利用起来，同样可以种出健康、生态的有机蔬菜。正是基于这样的想法，"家庭一平米菜园"项目得到了梅村居民的积极响应，居民用垃圾分类回收积累下来的积分兑换各种有机蔬菜的秧苗和种子，在自家阳台上就能种出自己喜欢的蔬菜。

在"家庭一平米菜园"项目基础上，"绿主妇"进一步增加了相关项目，例如，通过对梅村一部分公用空地的开发，形成了有机蔬菜种植体验基地。基地四周墙面上装有收集雨水的管道，雨水沿管道流入 3 个鱼池，由水车带动风能发电，以此作为室内各种菜苗培育的热能。室外则种有 20 余种日常蔬菜。"绿主妇"组织鼓励一部分社区志愿者对"种植基地"进行管理，形成了明确的分工。笔者在不同时间点的调研实践中均看到许多居民志愿者在种植基地管理蔬菜和菜苗。那么，谁可以获得种植基地的蔬菜和菜苗呢？S书记告诉笔者，这块空地拿出来，一方面是希望吸引社区内一部分居民走出家门，参与到绿色环保行动中来；另一方面，通过生态蔬菜和菜苗的培育，可以为社区内的孤寡老人送去温暖和慰问，如有剩下的蔬菜，志愿者可带一部分回家自己食用。与这种有机蔬菜种植和垃圾源头减量密切相关的是，"绿主妇"引进先进的技术，将生活垃圾进行发酵，作为滋养这些蔬菜的有机肥料，实现了从生活垃圾到有机酵素制作，再到有机蔬菜培育等一系列循环使用过程，较好地实现了垃圾分类源头减量的内循环机制。

"家庭一平米菜园"吸引了梅村数百户居民的参与，相比之前居民因为特定的生活空间所限而经常出现邻里矛盾等现象，在"绿主妇"的推动下，社区居民尝试改变原有的空间思维，通过在自家阳台这一私有空间内种植生态蔬菜或者绿色花卉，美化了社区环境，为社区整体上的绿化建设添砖加瓦。同时，这种集体参与有助于净化人们的心灵，使人们生活在一片安静祥和的社区中，人与人之间的关系不再那么陌生、也不再那么功利。可以说，"绿主妇"的行动实践，促成了人们在私人空间与公共空间之间固有矛盾的化解，实现了私人空间与公共空间的融合，甚至在一定程度上，促进了私人空间向公共空间的转化，或者至少是为私人空间向公共空间的转化创造了条件。例如，一些原先有摩擦或矛盾的居民，因为共同参与到"绿主妇"组织的"家庭一平米菜园"项目中，通过相互学习种植经验等实际行动，解决了原先积累下来的邻里矛盾，重新构建了居民邻里之间的熟人关系局面。S书记这样说：

"'家庭一平米菜园'不仅吹绿了梅村的环境，也吹暖了居民的心，一些鸡毛蒜皮的邻里矛盾在种植的互动交流中不经意间被化解。"

（三）"爱心编结社"：环保与公益的巧妙结合

在城市社区，很多家庭都有许多旧衣物，如果得不到有效利用，这些旧衣物就会被遗弃到垃圾箱中。而社区内还有一些有特殊困难的人和孤寡老人，他们在冬天缺少衣帽等保暖衣物。此外，社区中有一部分主妇擅长编织衣物，如何为她们提供发挥优势的平台和机会呢？这成为“绿主妇”组建“编结聊吧”的初衷。随后，“绿主妇”组织在梅村入口处放置了“大熊猫”作为回收社区内废旧衣物的专门箱体，“绿主妇”志愿者会将这些衣物进行分类整理，将可以再利用的毛衣拆开重新编织成帽子和手套，为社区里的特殊困难老人送去。后来，“绿主妇”进一步得到一家专门企业的支持，能够将回收的废旧衣物进行专业程序的清洗和消毒处理，再拿回梅村由“绿主妇”们重新编织。随着废旧衣物回收量越来越大，以及废旧衣物回收的区域越来越广，“绿主妇”们能够将重新编织的毛衣和帽子送到更多需要帮助的人手中。

“编结聊吧”已经超越了当初满足社区居民兴趣和聊天的诉求，实现了对废旧衣物回收与爱心公益行动之间的有机结合。2012 年以来，“编结聊吧”变为“爱心编结社”，“绿主妇”们从原先为社区内的困难老人送去过冬的衣帽，将视线扩展到向全国一些边远地区的希望小学捐赠爱心衣物。通过与闸北[①]、浦东、虹口等社区和公益组织合作，“绿主妇”爱心编结社总共向广西、西藏、贵州、安徽、云南等地的希望小学捐赠“爱心衣帽”近 1 万件，实现了“变废旧为爱心”以及资源有效利用的环保与公益相结合的目标。

其中，值得一提的是，2015 年 4 月，“绿主妇”一行十余人赴安徽省岳西县某希望小学赠送爱心毛衣。这一爱心之举引起了较大的反响，在媒体的宣传下引起不少爱心人士的积极关注。一家纺织制品公司总经理获知“绿主妇”的爱心之举后深受感动，随后向该希望小学的孩子们捐赠了一批御寒棉被。这不仅仅是简单的爱心衣物捐赠，更是长期生活于大城市社区之中的妈妈们对边远山区贫困儿童生存发展的关切与爱。S 书记告诉笔者，很多“绿主妇”到那以后都惊呆了，单是一张张渴望尽快长大的贫困儿童脸上表现出来的希冀就足以让“绿主妇”们感受到生命的震撼。她们一直生活在大都市，不知祖国的很多地方还有这么多困难的儿童处于这样恶劣的生存环

---

① 已撤销，现已划入静安区。

境中，不少"绿主妇"现场从自己口袋里拿出一些钱给这些孩子。但是，如何能汇聚更多人的爱心，帮助这些困难儿童健康成长，成为"绿主妇"们安徽之行后的最大思考。可喜的是，随后就有爱心企业和爱心人士加入到这份爱心传递之中。[①] 可见，"绿主妇"从最初的垃圾分类回收，到组织居民进行低碳环保生活，再到废旧资源的再生与爱心传递等事件，已经越来越从一种组织形式和载体向着一种象征意义和生活方式转变。

第五节　梅村"三社联动"：功能建构及其效应

在近二十年的社区建设实践中，梅村作为一个整体形象扮演着协助政府进行基层管理的重要角色，同时，对于生活于其中的居民而言，梅村更多地扮演着一个地域共同体的角色，人们仅仅以此为居住地，而缺乏有效的社会联结和社区关系。然而，梅村近几年进行的"三社联动"以及社区环境治理实践，从根本上找准了不同行动者在其中的结构性位置，使大家共同遵循社区情境和社区脉络，形成了有组织的合作行动，合力推动着新的社区公共空间的产生，实现了梅村从地域共同体向社区生活共同体的蝶变。

一、从"垃圾村"到"花园村"：促进了梅村客观环境的改善

梅村"三社联动"在参与社区治理实践中，以环保为线索，积极调动社区居民参与到社区环保以及社区公共事务中来，逐渐改变了原先梅村面临的一系列问题，并在社区治理创新方面发挥了积极的功能建构作用。

2011 年以来，梅村的环境得到了显著改善，实现了从"垃圾村"向"花园村"的蜕变。这种变化推动和催生了梅村生活世界的重构，为梅村相关行动者赋予了新的意义，主要体现在越来越多的居民参与到社区环境治理行动

① 笔者写本书时全国层面的脱贫攻坚战在如火如荼地进行着，上述现象在 2020 年全面脱贫后已经取得了实质性改善。

中，在此过程中，居民之间、居民与党委和居委会之间、业主与物业公司之间的关系得到了积极的改善。

笔者每次一进入社区都能看到一面挂满绿植的生态墙，边上有一只专门回收居民废旧衣物的“大熊猫”回收箱。梅村入口处有一个整洁的公共宣传栏，不同时间段有相应的宣传和通告材料呈现于此。沿着主干道往里走，道路两边的车辆停放有序，社区道路干净整洁，路边的绿化带用绿白相间的栅栏围起来，绿植更是生机盎然，令人十分陶醉。隔几个路口还有带扶手的木质长椅，每栋楼的单元门门口设有台阶过道和残疾车道，单元门旁边有大约 4 平方米的自行车棚，处处让人感觉到细节的体贴。值得一提的是，许多居民的阳台上种植了蔬菜或花卉，成为一道亮丽的风景线，为本已经绿意浓浓的梅村增添了点点色彩。朝着居委会方向走去，不仅能看到社区内专门的垃圾分类回收集中点（社区居民妥善放置其家庭生活垃圾的主要阵地），还会看到一个标志明显的种植体验基地，基地中生长着大片不同种类的时令蔬菜，还有三个鱼池，池中有水车正在转动，如果没有看到旁边的风车发电装置和四周的雨水收集管道，人们完全可能被这里的一切带入一种古代才有的桃花源境界之中。这就是变化中的梅村，也是正在进行环境治理的梅村。这是笔者的感受，那么，其他人是如何评价梅村环境的变化的呢？对社区环境改善情况最有发言权的环卫阿姨评价道：

“比起我前几年刚来梅村时，现在梅村的环境已经发生了很大变化，干净了很多，居民随地乱扔垃圾的现象越来越少了，道路上的垃圾也少了很多。”

在调研中，有居民谈道：

“九十年代刚搬来梅村的时候，这里人口结构复杂，社区周围没有围墙，入室盗窃时常发生，虽然当时居委会已经成立了，但是没有什么好的管理办法，社区环境乱成一团，人与人之间也十分陌生，还有报纸将梅村看作‘垃圾村'而进行了报道。在S书记到任之前的两任班子已经对我们梅村环境的改善进行了一些努力，虽然没有明显的成效，但也为后来的工作奠定了一定的基础。现在，我们梅村发展得很好，很多外面的人都来参观，一个老旧社区能够发展成今天的样子是难以想象的。"

还有被访者告诉笔者：

"以前人们无意识地将垃圾随地乱扔，甚至有人会从自家窗户向楼下草坪或者道路上扔垃圾，现在这样的情况少了很多。多数人都守规矩地把垃圾扔进垃圾箱，有些人看到路边有垃圾还会捡起来扔进垃圾箱。原来看到垃圾、看到别人乱扔都不吱声的，就当没看见。现在大家看到别人乱扔垃圾就会说：'你怎么把垃圾扔外面了，你应该扔到垃圾箱里去的。'这就是一个转变。"

可以看出，近些年来，在梅村党总支、居委会的主导推动下，梅村生活环境发生了质的改变，现在的梅村，不仅是媒体眼中的"花园村"，更成为梅村居民津津乐道的绿色家园。

二、从分化到对话：调和了梅村不同主体的关系

梅村不仅环境在变化，更重要的是，人也在改变。以前，梅村环境脏、乱、差，没有人管。针对梅村环境状况，2007年，梅村所在的区环保局牵头开展了垃圾分类项目，在社区宣传板上写了很多有关垃圾分类的好处，指出垃圾分类不仅是为了保护环境，更是为了造福子孙后代。虽然有一部分居民很配合居委会的工作，把垃圾分好类拿到指定集中点，但每次环卫垃圾车来了之后就直接将全部垃圾"大杂烩"般地带走。这种做法让参与垃圾分类的居民受到了打击，"心都凉了"，因此，难以再坚持下去。居民抱怨道：

"我们辛辛苦苦分好类的垃圾，你们(垃圾回收车)却将它像大杂烩一样

全部倒在一起，我们还分什么类呢？我们今后也不要再分类了。”

这一现象给梅村党总支和居委会继续推动环境治理带来了较大的困扰：一方面，通过熟人关系动员了部分居民参与到垃圾分类活动中，居民对党总支、居委会的工作予以了支持及配合；另一方面，机制的不健全使这项活动仅仅是考验居民进行垃圾分类的积极性或者分类技巧，而未能考虑到分类之后的有效处理。因此，这种情形使得原本积累下来的群众基础也受到了伤害。

2011年，梅村来了一位长期进行社区环保治理的环保达人，她对梅村党总支的鼓励和为梅村十名居民志愿者举办的环保讲堂，改变了梅村人之前的环境治理观念和做法。在环保达人的专业指导和北京地球村等公益组织的支持下，梅村党总支、居委会进一步深化环境治理的理念和策略，不仅从树立新型社区建设的理念出发，而且想方设法地为居民搭建各种不同性质、不同类型的参与平台，让社区居民能够精准地参与到多元化的平台中。这些做法使原先不同主体之间的复杂关系向着更加良性互动的关系转变。

例如，在前些年，居民与居委会、物业公司之间存在着许多矛盾，“居民不交物业费—物业停水停电—居民与物业之间关系紧张”成为梅村治理过程中面临的一大难题，原因在于居民的诉求得不到物业的有效回应，双方的矛盾关系呈现愈演愈烈的态势。① 近几年来，梅村党总支身体力行，充分发挥居民区党委在社区治理中的核心作用，通过一系列策略调节居民与物业公司之间的紧张关系，逐渐化解了双方存在已久的坚冰，实现了业主与物业公司之间的积极对话。又如，虽然居委会在法定意义上属于居民群众自治组织，但在现实中显示出较强的行政化特征，难以得到居民的认可。在党总支的推动下，绿主妇环境保护指导中心在区民政局登记注册成立了。作为一个具有独立法人资格的专业环保型社会组织，“绿主妇”成为居委会开展

① 需要指出的是，老旧社区并没有配置较强的物业管理和服务队伍，很多老旧社区的物业要么缺失，要么仅仅是兜底性的保洁、门卫等，许多有关生活设施维修维护的工作都很难得到物业的及时回应。这一时期，居委会扮演着一种“准物业”的角色，居民一有事情就找居委会，所以形成了居民对居委会、物业同样的消极态度。

工作的重要助手,许多原先由居委会直接开展却收效甚微的工作,通过间接的方式,由“绿主妇”来做,成功实现了居委会从直接服务向借力服务的转变,促使居委会不断朝着居民自治的方向转变。还有,通过开展“家庭一平米菜园”项目,有些有婆媳矛盾的家庭,通过一起切磋种菜,打开了多年的心结;有纠纷、矛盾的居民邻里,通过一起参与活动,改善了彼此间关系。目前,梅村党总支、居委会、物业公司、“绿主妇”组织、社区学校、社区居民等主体之间的关系得到了显著改善,共建共治共享的社区治理格局初步形成,从总体上彰显了一种有组织的合作治理行动框架。

三、从陌生人到一家人:提升了梅村社区凝聚力

社区在很大程度上形塑着生活于其中的居民的主观感受和行动实践。梅村居民结构复杂,加上外界社会环境的施压,社区居民之间要么是纯粹的利益关系,要么毫无关系,还有的居民之间因为争夺某些利益而发生冲突。在发展过程中,梅村以环境治理为重要切入点开展社区治理,极大地改善了社区居民的主观态度,并通过一些微观的行动彰显了居民对社区环境的爱护及对社区的认同与归属感。在梅村建成早期,人与人之间、居民之间原本可以通过血缘、地缘和业缘关系来处理的社区关系变成了赤裸裸的利害关系和利益关系。例如,居民由于被动迁安置到这里,他们认为既定的生活空间存在某些限制,激发了对政府的不满,并把这种不满以某种程度或某些方式折射到居委会身上,因为他们认为,居委会跟政府是一体的①;同时,居民之间因为对有限空间的抢占而发生潜在或显在的争夺。这些现象揭示了梅村治理过程中的不安定因素。

---

① 这里需要强调,即使《中华人民共和国城市居民委员会组织法》对居委会作为居民群众自治组织作出了规定,但由于居委会长期以来要应对各级政府下沉的诸多事务,导致他们难以如其所是地开展居民自治和服务工作。这导致居民对居委会的印象就是“一级政府”,部分居民到居委会办事时直接称居委会干部为领导等。可见,现实中居委会的角色定位与居民认同之间出现了异化。居委会的自治性、服务性能否得以回归,不仅是梅村治理过程中面临的深层次问题,也是广大居委会在基层治理中需要面对和思考的核心问题。

梅村党总支在有策略的治理实践中，针对一些诉求较为强烈、需求较为明显的居民采取“重点关注、逐一击破”的方法，为他们提供实实在在的帮助。例如，在调研过程中，S书记向笔者透露：

“2007年刚来梅村的时候，感觉有一些人虎视眈眈地盯着我。通过每天了解一些居民的情况和诉求，经过两三年的面对面工作，我逐渐了解到梅村存在着六七十个无业人员。他们有的有前科，有的吃低保，等等。我想，不先把这个群体的工作做好，要做好整个社区的工作是很难的。于是当时就想尽一切办法，靠着以前在企业里的一些人脉，以及现在的一些工作关系，帮他们一个一个地找工作。功夫不负有心人，终于帮这些人全部解决了工作问题，社区一下子变得和谐了许多。后面在办大型社区活动时，原先担忧的不稳定因素都已经一一化解了。”

梅村党总支通过上述一系列力所能及的事，及时回应了有强烈诉求的居民，逐渐改变他们对现存政策制度以及党总支、居委会的不满态度；同时，将这些居民吸引到社区相关事务中，为他们提供带领其他居民参与社区事务的机会，使其从中获得责任感和成就感，并影响更多的居民参与到社区环境治理中来。

通过前期以梅村党总支、居委会为核心推力，部分居民志愿者的参与为辅助，梅村实现了由梅村党总支、居委会、“绿主妇”组织、社区居民等主体协力推动社区环境治理的格局，越来越多的社区居民在参与社区环境保护与改善的实践中不断认识到自身与社区环境之间的相存相依关系，从根本上改变了居民原来认为“环境治理与己无关”的态度，逐渐形成了一种“社区是我家、参与靠大家”“我参与我光荣”的积极观念。截至笔者调研时，梅村连续八年被评为“上海市文明社区”，这与梅村整体上的环境改善、社区居民的素质提升，以及社区居民的社区参与和社区认同等密不可分。随着环境治理成效的凸显，梅村吸引了越来越多外界人士的参观和学习，不仅直接参与其中的社区居民对于自身角色和身份认同显著增强,而且其他未直接参与其中的居民也为自己生活于梅村而感到自豪。这表明,生活在社区中的居民对于梅村的认同感和归属感越来越强。在笔者调研过程中,梅村党总支S书记告诉笔者:

“令人欣喜的是,2000多批次来自不同领域的人士络绎不绝地前来参观梅村的环境治理经验,其中包括国家和地方不同政府层级的领导、联合国教科文组织等社会组织和无数国际友人,但没有一个社区居民(哪怕曾经作为社区特殊群体的成员)跳出来闹事或添乱。这说明,我们前期对他们的诉求进行精准回应的策略是对的,也是有效的;一批批来参观、访问的领导和友人来到梅村,体现了外界对梅村的认可,使梅村居民有了更强的向心力和自豪感。”

四、环保与公益相结合:丰富了社区治理的内涵

梅村环境治理实践不仅直接推动着原有环境的变化,更为重要的是,它同时从整体上为社区治理创造了一系列重要条件,实现了从环境治理向社区治理的空间延伸与内涵拓展,探索形成了从社区环境治理迈向社区整体治理的生动模式。

在市场化进程中,原有的国家—单位—个人关系格局逐渐向国家—社区—个人关系格局转变,但由于社区自身职能的模糊性及其在发挥国家与个人之间桥梁纽带作用方面尚不凸显,社区仅仅被视为一个对居民生活于其中的行政空间的称谓,而不是一种与邻里生活密切相关的事物。不同行动者的不同利益取向、文化目标和异质化身份,造成了社区的日益碎片化以及社区不同自治主体之间的区隔化。一方面,居民与居委会之间存在隔阂,由于居民对自身所生活的社区环境并不满意,进而对地方政府表现出诸多不满,居民将这些不满直接体现在对居委会的态度上,导致居委会干部与社

区居民之间关系紧张。在居民看来，居委会并不具有服务居民、组织居民的群众自治功能，只是政府的重要助手；另一方面，邻里之间常常因为一些小事发生争吵或摩擦，社区居民之间关系疏远。在这种情形的限制下，尽管国家如火如荼地进行着自上而下的社区建设，但对于居民而言，这些建设运动与自己相距甚远，因此对社区建设漠不关心。

这不仅是梅村社区治理面临的深层困境，也是整个上海乃至全国社区建设实践面临的深层矛盾。那么，梅村是如何破解这个难题的呢？在梅村党总支S书记看来，一定要有好的群众基础才能做好社区治理、社区自治的工作。所以，自2007年以来，梅村党总支不断发掘两委班子及其成员的集体智慧，做好群众工作，回应群众需求，引导居民共同参与社区治理实践。

通过几年的社区治理实践，梅村积累了一定的群众基础，凝聚了一部分居民参与到党总支、居委会主导的许多事情之中。但在S书记看来，社区的人气还不够，必须让更多的党员、居民参与进来，就像政府说的要“扩大群众参与”，其实，基层实践最重要的就是汇聚人气。那么，梅村在社区治理中是如何汇聚人气的呢？最根本的就是寻找居民的兴趣点、关注点及其与梅村党总支、居委会工作的契合点。其中，社区环境治理成为突破梅村长期以来社区相关主体区隔化困境的重要切入点。然而，实践表明，只做环保，只是动员居民进行垃圾分类这样的行动，难以推动实践的长效化发展。于是，梅村党总支、居委会以及相关社区骨干群策群力，不断扩大居民参与的渠道、完善居民参与平台，将环保与公益巧妙结合起来，如将社区生活垃圾进行分类回收处理，并将一些废旧物品回收后加以循环利用，制作成各种精美的物品，送给有需要的人，实现可回收废旧物的再生价值；“爱心编结社”从回收废旧毛衣、分类整理、专业技术消毒处理到拆线重织，并捐赠给有需要的人群（社区孤寡贫困老人、边远山区贫困儿童等），实现了环保行动与公益行动的有机结合。

通过树立“绿色环保、随手公益”等行动理念，梅村居民从环保行动中感受到其行动的意义，由此吸引了更多居民自愿参与其中，积极为公益贡献自己的力量。从最初仅有十名社区居民参与行动，到 2013 年年底，有 1 300 多户居民参与到垃圾分类回收活动中，并领取了"零废弃回收卡"，此时"绿主妇"志愿者人数已达 2 600 多人(陈凯，2014)，这个数字还在持续增加。不仅如此，梅村经验早已走出梅村和 L 街道，正迅速向上海其他区乃至外省、自治区、直辖市传播与辐射。笔者在 2014 年调研期间得知，垃圾分类回收活动已经涵盖了 L 街道的 8 个居民小区、上海 5 个区及全国其他 4 个省、自治区、直辖市，参与活动的居民有 7 490 多人。另外，梅村有 80%的家庭参与了废旧衣物回收活动，并与其他街道和社会组织合作，截至 2015 年 4 月，为广西、西藏、贵州、安徽等地希望小学义务编结爱心衣帽近 1 万件。"绿主妇"环境保护指导中心成为大中小学、医疗机构、科技园区、商务写字楼、社会公益组织等机构竞相合作开展环保活动的专业组织，参与"绿主妇"环保系列活动的市民达到了 2.3 万余户。这是梅村环境治理实践中的突出成效。

第六节　结论与讨论

本章所关注的实证场域(上海梅村)是一个"三社联动"机制实践较为成功的典型案例，梅村在促进社区、社会组织与社会工作之间的联动以及"三社"与其他主体(包括政府、基金会、社区大众等)之间关系方面进行了积极的探索，并取得了良好成效。本章的研究不仅从理论上为"三社联动"找到了学理性依据，也从实践中为政社分工与团结的社会体制改革找到了合理性依据。在市场经济体制下，既要实现"政企分开"的原则，也要在社会建设过程中厘清政府与社会的边界，加强政社分开与合作，这就需要实现政府的"归位"和社会组织的"补位"；社会体制改革本质上就是要调整政府与社会的关系，使社会力量在社会服务生产与供给领域发挥基础性、决定性作用，并发挥政府在资源配置中的主导作用。新的社会体制需要在行动上进行创新，尤其是需要坚持多元主体协同共治基础上的社会治理结构和治理机制创新，基于此，“三社联动”是社会体制改革与社区治理创新的重要组成部分。

参考文献

[1] 桂勇. 邻里空间：城市基层的行动、组织与互动[M]. 上海：上海书店出版社，2008.

[2] 李惠斌，杨雪冬. 社会资本与社会发展[M]. 北京：社会科学文献出版社，2000.

[3] 朱健刚. 国与家之间：上海邻里的市民团体与社区运动的民族志[M]. 北京：社会科学文献出版社，2010.

[4] 陈凯. 小小绿主妇，自治大平台[J]. 检察风云—社会治理理论专刊，2014(1)：67－68.

[5] 陈伟东，李雪萍. “社区自治”概念的缺陷与修正[J]. 广东社会科学，2004(2)：127－130.

[6] 陈伟东. 城市基层社会管理体制变迁：单位管理模式转向社区治理模式：武汉市江汉区社区建设目标模式、制度创新及可行性研究[J]. 理论月刊，2000(12)：3－9.

[7] 房光宇. 让三社“联动”起来：北京市“三社联动”探索历程综述[J]. 中国社会工作，2015(22)：33－34.

[8] 刘春荣. 国家介入与邻里社会资本的生成[J]. 社会学研究，2007，22(2)：60－79.

[9] 顾东辉. 社会工作：和谐社会建设中德才融合的利他专业[J]. 西北师大学报(社会科学版)，2008，45(1)：23－25.

[10] 何艳玲，蔡禾. 中国城市基层自治组织的“内卷化”及其成因[J]. 中山大学学报(社会科学版)，2005，45(5)：104－109.

[11] 李坚. 社区建设“沈阳模式”的反思[A]//上海市社会科学界联合会、上海市社区发展研究会、上海大学上海社会发展研究中心. 组织与体制：上海社区发展理论研讨会会议资料汇编[C]. 2002：5.

[12] 卢文刚. 国家治理体系下的社区治理创新：“三社联动”模式优化路径探讨[J]. 宁夏党校学报，2016，18(1)：52－56.

[13] 闵学勤. 社区自治主体的二元区隔及其演化[J]. 社会学研究，2009，24(1)：162－183.

[14] 彭科幻. 社区：应从管理走向治理[J]. 理论与当代，2009(6)：12.

[15] 田毅鹏，吕方. 单位社会的终结及其社会风险[J]. 吉林大学社会科学学报，2009，49(6)：17－23.
[16] 王思斌，阮曾媛琪. 和谐社会建设背景下中国社会工作的发展[J]. 中国社会科学，2009(5)：128－140.
[17] 王思斌. 和谐社会建设迫切需要社会工作的参与[J]. 河北学刊，2007，27(3)：64－67.
[18] 王思斌. 中国社会工作的嵌入性发展[J]. 社会科学战线，2011(2)：206－222.
[19] 王婷. 中国城市社区建设的内卷化分析[J]. 学海，2010(4)：213－216.
[20] 文军. 社会工作：和谐社会管理体制创新的变革力量[J]. 西北师大学报(社会科学版)，2008，45(1)：18－21.
[21] 文军. 中国社会组织发展的角色困境及其出路[J]. 江苏行政学院学报，2012(1)：57－61.
[22] 王思斌. 优势主导的"三社"联动[J]. 中国社会工作，2015(25)：62.
[23] 向德平. 社会工作：和谐社会建设的重要内容与有效手段[J]. 西北师大学报(社会科学版)，2008，45(1)：21－23.
[24] 本刊编辑部，徐富海. "三社联动"如何"联"如何"动"？[J]. 中国民政，2015(12)：16－28.
[25] 徐选国，徐永祥. 基层社会治理中的"三社联动"：内涵、机制及其实践逻辑：基于深圳市H社区的探索[J]. 社会科学，2016(7)：87－96.
[26] 徐选国. 从专业性、本土性迈向社区公共性：理解社会工作本质的新线索[J]. 社会科学战线，2016(8)：184－193.
[27] 徐选国，杨絮. 农村社区发展、社会工作介入与整合性治理：兼论我国农村社会工作的范式转向[J]. 华东理工大学学报(社会科学版)，2016，31(5)：8－17.
[28] 徐选国. 嵌入性治理：城市社区治理机制创新的一个分析框架——基于对国家-社会关系范式的批判性反思[J]. 社会工作，2015(5)：55－64.
[29] 徐选国. 走向双重嵌入：城市社区治理中政社互动的机制演变：基于深圳市H社区的经验研究[J]. 社会发展研究，2016，3(1)：163－180.
[30] 徐选国. "三社联动"的内涵廓清及其拓展[J]. 中国社会工作，2016(10)：30－31.
[31] 徐永祥，曹国慧. "三社联动"的历史实践与概念辨析[J]. 云南师范大学学报(哲学社会科学版)，2016，48(2)：54－62.
[32] 徐永祥. 和谐社会建构中的民间社会组织及其社会政策[J]. 学海，2006

(6)：57－61.
[33] 徐永祥. 论城市社区建设的体制创新与社会工作[A]//中国社会工作协会、香港社会服务联会. 第二届中国社会工作论坛暨第五次内地与香港社会福利发展研讨会论文集(内地部分)[C]. 2004：57－61.
[34] 徐永祥. 和谐社会建构中的民间社会组织及其社会政策[J]. 学海，2006(6)：57－61.
[35] 徐永祥. 社会工作是现代社会管理与公共服务的重要手段[J]. 河北学刊，2007，27(3)：67－69.
[36] 徐永祥. 试论我国社区社会工作的职业化与专业化[J]. 华东理工大学学报(社会科学版)，2000，15(4)：56－60.
[37] 徐永祥. 政社分工与合作：社区建设体制改革与创新研究[J]. 东南学术，2006(6)：51－57.
[38] 徐永祥. 政社分工与合作：中国社区建设体制改革创新的根本要件(英文)[J]. Social Sciences in China，2008，29(1)：142－151.
[39] 徐永祥. 政社分开：我国社区建设制度创新的必要条件[J]. 华东理工大学学报(社会科学版)，2004，19(4)：1－5.
[40] 杨敏. 作为国家治理单元的社区：对城市社区建设运动过程中居民社区参与和社区认知的个案研究[J]. 社会学研究，2007，22(4)：137－164.
[41] 杨炫昆，孙建丽. 试析“三社联动”创新社区管理新路径：以太仓市为例[J]. 改革与开放，2016(8)：74.
[42] 叶南客，陈金城. 我国“三社联动”的模式选择与策略研究[J]. 南京社会科学，2010(12)：75－80.
[43] 张昱. 社会工作：由个体自身和谐通向社会和谐的桥梁[J]. 河北学刊，2007，27(3)：71－73.
[44] 郑杭生. 社会学视野中的社会建设与社会管理[J]. 中国人民大学学报，2006，20(2)：1－10.
[45] 张华林. 关于建立社区、社会组织、社工“三社联动”机制的思考和建议[J]. 社团管理研究，2011(7)：12－14.
[46] 新华网，黄锐. 民政部：深入推进“三社联动”创新基层社会治理[EB/OL]. (2015－10－22). http://www.xinhuanet.com/politics/2015－10/22/c_1116911231.htm.
[47] [美] 马克·格兰诺维特. 镶嵌：社会网与经济行动[M]. 罗家德，等译. 北京：社会科学文献出版社，2015.
[48] [美] 乔尔·S. 米格代尔. 社会中的国家：国家与社会如何相互改变与相

互构成[M]. 李杨，郭一聪，译. 南京：江苏人民出版社，2013.

[49] [英] 菲利普·梅勒. 理解社会[M]. 赵亮员，白小瑜，王璜，等译. 北京：北京大学出版社，2009.

[50] [英] 卡尔·波兰尼. 大转型：我们时代的政治与经济起源[M]. 冯钢，刘阳，译. 杭州：浙江人民出版社，2007.

[51] SCHNEIDER L, SHILS E. Center and periphery: essays in macrosociology[J]. Journal for the Scientific Study of Religion, 1975, 14(4): 417-418, 420.

[52] GERTH H, WRIGHT M C. Max Weber: essays in sociology[M]. New York: Oxford University Press, 1946.

第三章　社区体制改革、嵌入性治理与“三社联动”：深圳市 H 社区经验[①]

在急剧转型的社会背景下，单一的国家主体已越来越难以回应社会发展过程中相伴而生的社会问题和社会需求。在这种背景下，寻求治理转向成为国家治理和社会治理创新的重要尝试。在社会建设领域，治理是如何体现的呢？从最根本的方面讲，需要形成政社分工与合作的体制机制，在此基础上形成社会建设的合作治理结构。近年来，不少地方逐渐形成了“三社联动”参与基层社会治理创新的实践模式。笔者回顾以往有关“三社联动”和基层社会治理方面的文献发现，学术界在有关“三社联动”的一些根本性方面缺乏解释和探究，尤其是在与基层社会治理的关系方面缺乏足够的重视，这与以往研究缺乏有效的理论依据密切相关。在此基础上，本章借鉴波兰尼和格兰诺维特有关“嵌入性”的思想，以及合作治理理论的有益启示，试

---

① 本章部分内容曾以《基层社会治理中的“三社联动”：内涵、机制及其实践逻辑——基于深圳市 H 社区的探索》为题，发表于《社会科学》2016 年第 7 期，此次收录略有改动。

图形成分析“三社联动”的一种新型分析框架,即嵌入性治理分析视角。

笔者借助质性研究方法,以深圳市Z街道H社区近年来的社区治理实践,尤其是“三社联动”实践为案例,试图对其内在动因、实践逻辑、社会效应等方面的问题进行探究和总结,以形成一些具有示范效应的经验启示。研究表明,H社区坚持“让社区回归社会”的理念和行动,成为“三社联动”社区治理机制得以形成的根本逻辑前提。换言之,对社区的本质重构,强调社区的社会性和共同体属性,而非社区的政治性、行政性和地域性,是分析基层社会治理过程中政社分工与合作、“三社联动”的根本动因。在此基础上,H社区通过组织化和项目化双重逻辑来推进社区建设,旨在实现“政府撤出社区、让社区回归社会”的社区建设思路。

H社区在“三社联动”实践过程中形成了一系列经验,其中,强调基层党组织的核心引领和多元主体协同参与的“一核多元”治理模式,以“社区为本”的社区治理理念,以居民自治、业主自治、社团自治为要素的“三元自治”体系等,成为H社区“三社联动”的重要经验。本章在此基础上对推进“三社联动”实践、加强基层社会治理创新提出了相应的政策建议。

第一节 导　论

一、研究缘起

自党的十六大以来,社会建设逐渐成为国家发展体系的有机组成部分,“找回社会”成为以往“无社会”或“总体性社会”格局的重要理念转型,十六届六中全会提出构建和谐社会的目标,更是进一步明确了“社会”的重要性。而在地方社会建设中,各地进行着不同程度的探索和实践,试图破解长期以来主导社会建设的政社不分、以政代社困局。较为典型的案例,如广东省率先建立社会建设“1+7”制度体系,将社会力量纳入地方社会建设的重要议程之中。深圳市则更进一步,率先制定并出台了社会工作“1+7”文件,初步建立和确定了现代社会工作制度体系，以制度引领社会工作、社会组织参与到社会建设中。党的十八大，尤其是十八届三中全会强调通过激发社会组织活力、创新社会治理体制，以从整体上服务国家治理体系和治理能力现代化的总目标，这一理念创新为地方社会治理实践提供了总体性框架。

在此过程中，促进以社区、社会组织、社会工作人才为核心的“三社”有序联动，成为巩固党的执政基础、创新社会治理和公共服务、提升民众福祉和培育社区公共精神的重要抓手。然而，当前“三社联动”实践仍处于探索和起步阶段，各地对“三社联动”的逻辑动因、内涵、要素和机制等方面的理解存在显著差异，导致实践中进行的“三社”未必真正联动得起来。不少地方的“三社联动”实践仍然具有较强的行政主导意味，“三社”在参与社会建设过程中处于“被联动”“无联动”的处境，一定程度上偏离了激发社会活力、促进社会发展的初衷，因而，在实践中也常常会出现内卷化的现象。

基于此，本章关注的核心问题在于：“三社联动”的根本前提或者内在动因是什么？这是以往研究和实践较少关注的核心问题。“三社”如何得以联动，即“三社”有序联动需要的多维要素和条件是什么？“三社联动”的实践机制及其表现形态是什么？即“三社”之间，以及“三社”与其他主体之间是在何种机制、规则基础上进行联动的？要回答上述问题，需要对“三社联动”的理论基础进行尝试性建构，与此同时，需要结合具有“三社联动”成熟经验的地方实践案例进行分析和反思，在此基础上对进一步促进“三社联动”的规范化、有效化实施提供明确的指引，并为制度决策和政策创新提供可能性依据。

二、研究意义

本研究的开展具有显著的理论、实践和应用价值。其一，理论价值。以往关于“三社联动”和基层社会治理的研究缺乏对经验实践进行理论提炼的努力，而是习惯于借助西方理论或其他学科领域的理论进行解释，且这些理论过于强调“应该如何”的方法论取向，而忽视了对“为何如此”的发生学机理进行分析。基于“三社联动”在基层社会治理和社区建设中的重要性,以及学术上缺乏理论支撑的现实,本章旨在从嵌入性治理视角出发,尝试形成一种分析“三社联动”的新型研究范式。本章借助“嵌入性”和治理理论的相关观点[前者强调了两个事物之间的本质关系(嵌入关系),后者强调了多元主体之间的互动逻辑],并基于此形成嵌入性治理这一整合性的分析视角,既能够从本体论上分析“三社联动”和基层社会治理创新的发生机制,又能从方法论层面分析多元主体之间的联动、互动与合作逻辑。其二,实践和应用价值。本章将结合实践案例,对已有经验进行阐释、总结和提炼,以从制度上推动基层社会治理创新进程中的“三社联动”机制及其实践逻辑,助推社区建设与社区大众福祉发展,为经济新常态背景下的社区治理提供有效的实践模式。

三、研究思路及基本内容

基于本章拟解决的关键问题,以及以往研究留下的探索空间,本章将遵循“反思—建构—实证—再反思”的研究思路,旨在完成下列研究目标:

第一,对以往“三社联动”研究成果进行系统的回顾与反思,检视已有成果对于解释当下实践的合理性和有效性。例如,界定“三社联动”内涵的情境是什么?分析“三社联动”的理论依据是什么?不仅应强调“三社联动”的应然逻辑,更要从社会学的立场强调其实然逻辑及发生机制;要结合各地特殊条件分析“三社联动”的实践模式及其应用情境,等等。

第二,在以往“三社联动”研究成果的基础上,结合当前社会治理创新和法治社会构建战略背景,尝试建构符合实际所需的“三社联动”理论依据,以将“三社联动”置于一个整体性框架中进行分析。当前中国社会建设从社会管理向社会治理的逻辑转换与范式转移,要求从逻辑动因、实然机制和应然路径等多维要素方面建构一种整合性的“三社联动”理论框架。

第三,对于“三社联动”的理论建构并非凭空而生,要验证本章所建构的理论视角对于现实议题的恰适性和有效性,需将这一理论视角用于对现实的分析，通过实证研究，系统地分析“三社联动”的发生机制、实践逻辑、联动机制、实践效应等，并进一步检视理论与实践之间的契合性或结构性张力。

第四，在对“三社联动”实践经验进行理论化阐释和再反思的同时，为更大范围的“三社联动”实践提供可行路径，并从制度设计方面提供可能的决策指导依据。

四、案例介绍与研究方法

本研究以深圳市Z街道进行的社区体制改革，尤其是以H社区治理实践为研究对象。之所以选择H社区作为研究对象，主要原因在于：H社区近年来进行了别具一格的社区体制改革实践。2012年4月，Z街道将2005年成立的H社区工作站这一带有体制意义的准政府层级撤销，并将原有社区工作站绝大多数业务打包委托给阳光家庭综合服务中心（以下简称“阳光家庭”）这一专业社会服务机构及其专业社工团队，街道党工委、阳光家庭、H社区居委会等主体在互动过程中逐渐形成了“让社区回归社会”的共识，并成为指导这一社区体制改革实践的重要理念和路径，探索出了具有重要理论和政策意义的“三社联动”模式，这一模式已在调动社区参与、共同推进社区建设方面初显成效，并初步形成了“一核多元”社区治理模式。因而，在当前社会治理创新背景下，以H社区治理实践为研究对象，具有典型性和独特性。

具体而言，本章主要采用质性研究方法，通过深度访谈、参与式观察、档案资料分析等实证方法收集资料，借助质性研究有关资料分析的具体方法，对收集到的多元一手资料进行重组、整合与凝练，进一步结合文献研究、理论建构和政策分析等方法，系统梳理和反思H社区体制改革实践中形成的“三社联动”模式，分析其得以形成的内在动因（为何发生）、实践中存在的政府与社会（“三社”）之间的互动逻辑及各自的行动策略、“三社联动”与“政社互动”的实践机制及其在社区治理创新中的作用和效应等内容，以进一步对H社区体制改革中形成的“三社联动”模式进行理论阐释和政策反思。笔者主要集中在2015年4—6月对H社区建设实践中的"三社联动"情况进行实地调研，并结合此前笔者对该社区体制改革实践的参与式观察(2013年6月—2014年10月)研究的相关实证材料进行综合分析。

本章内容的资料主要来源于笔者对推动H社区体制改革，尤其是助推"三社联动"实践的核心人物、执行团队等不同主体的深度访谈，同时，还包括笔者参与该社区治理实践进行实地观察，以及对该社区的相关档案材料进行的整体性分析。笔者力求通过类似问题重复访谈(对同一对象的重复访谈，以及对不同对象就同一问题的访谈等)，以实现研究的有效性。

第二节　文献回顾与理论建构

本节对以往有关"三社联动"的研究成果进行梳理和反思，并在此基础上形成更具恰适性的理论分析视角。既有的治理实践表明，"三社联动"越来越成为各级相关职能部门、学术界和实务界共同关注的一个重要议题，成为社会治理创新背景下激发社会活力、参与社会建设的重要抓手。同时，学界对"三社联动"的基本内涵、发生机制、实践逻辑、社会效应等方面的研究还较为缺乏，关于"三社联动"的理论依据也具有较大的挖掘空间。因此，在以往研究文献及相关理论成果的基础上，尝试形成一种新的分析视角，是"三社联动"实践向纵深推进的内在要求。

一、社会治理中的"三社联动"：回顾与反思

"三社联动"作为激发社会活力、参与社会建设的重要抓手，在党的十八大尤其是十八届三中全会以来，得到了许多地方政府的积极重视，逐渐成为创新基层社会治理体制、推进地方治理体系和治理能力现代化的重要内容。因此，"三社联动"成为当前推进基层社会治理创新的重要课题。

（一）“三社联动”的基础研究

学术界有关“三社联动”的研究成果总体上体现了起步晚、成果少、关联度低等特征。其一，起步晚。学界对“三社联动”的研究主要集中在最近几年，这与新的历史时期对“三社联动”的内在诉求密切相关。其二，成果少。学术界虽然逐渐重视“三社联动”这一议题，但关于该议题的理论成果匮乏，对实践中正在进行的“三社联动”缺乏有效的总结和研究。其三，关联度低。学术界进行的“三社联动”研究倾向于就“三社”谈“三社”，较少关注与“三社联动”密切相关的核心议题，如基层社会治理创新、社会建设、政社分工与合作等。因此，目前的“三社联动”实践更多地表现为经验介绍和媒体报道，而学术上的“三社联动”则停留在“应然”的倡导和陈述方面，学术界尚未对实践中的有效经验进行理论提升和模式提炼，尚不能有效发挥其理论指导实践的作用。

目前有关“三社联动”的研究成果主要集中在四个方面。其一，关于“三社联动”的必要性论述。学界倾向于从以往社会管理或社区管理存在的刚性特征、政府作为主导性角色难以适应多元化社会需求及其带来的一系列后果等方面阐释“三社联动”得以出现的依据（陈丽等，2012；郎晓波，2013）。其二，关于“三社联动”的内涵界定。多数学者从两个层面对“三社联动”的内涵进行解读：一方面，“三社”指的是社区、社会组织和社工，“联动”指的是“三社”之间的有机联系和互动（叶南客等，2010）；另一方面，强调通过以社区为平台、以社会组织为载体、以社工人才为支撑，推进社区建设目标（吕青，2012）。其三，关于“三社联动”的理论基础。很少有学者在有关“三社联动”的理论基础方面进行探索，部分研究成果主要借助公共治理理论、社会资本理论和社会系统理论作为理论依据（叶南客等，2010），强调多元主体的广泛参与，并对现有社区资源进行动员、整合与运用，以使整个社会系统运转起来。其四，关于“三社联动”的实践模式。学界从“三社联动”得以有效实施的条件入手，将不同条件之间的组合视为不同的“三社联动”模式。

从上述研究概况可以发现，关于“三社联动”的研究仍然存在一些明显的弊端：其一，阐释"三社联动"得以产生的依据过于简单直接，与强调需要多元主体共同参与社会建设并无太多差别，未能从本质上揭示"三社联动"的发生机制。其二，关于"三社联动"内涵的表述过于浅显，将社区、社会组织、社工统称为"三社"本身并无太大问题，但在进一步界定社区的内涵时较为混乱，有的学者将社区理解为居委会，有的学者将社区理解为具有"地域性"的地理空间或平台，这很难进一步阐释"三社"之间如何有效联动并实现何种目标的问题。其三，现有"三社联动"的理论基础较为单一，无论是公共治理理论、社会资本理论，抑或社会系统理论，它们都强调了多主体之间应该整合资源、积极互动、有序合作，但是对于为何要进行有序合作、如何进行有效合作等更为根本的问题缺乏探讨。其四，已有"三社联动"实践模式主要是一些学理上的推论，缺乏与现实经验进行对话的尝试，缺乏说服力。其五，以往研究缺乏对"三社联动"实践机制的探索，例如，未对"三社"之间如何联动、依据什么进行联动等进行阐释。另外，"三社联动"并非仅是"三社"之间的联动，应该包括"政社互动"等机制的探索和建立，这是以往学界忽视的内容。

（二）"三社联动"与基层社会治理创新的研究

在社会急剧变迁和加速转型背景下，十八届三中全会提出"创新社会治理机制""推进国家治理体系和治理能力现代化"等新型理念，以应对社会发展过程中存在的各种社会问题。其中，基层社会治理创新成为各地政府努力探索和实践的议题，各地政府通过推进地方治理体系和治理能力现代化，以实现基层社会建设目标。近年来，学术界对基层社会治理创新进行了积极的关注，并形成了一些有指导意义的成果。这些成果主要分为以下主题：其一，基层社会治理的本质意涵。有学者指出，基层社会治理是国家治理体系的重要组成部分，通过促成政府与民众、其他社会力量之间的有效互动，实现基层社会问题的协同治理；通过上下联动和权力的双向运行，进一步推进社会建设的目标（周学馨，2015）。其二，基层社会治理的理论基础。有学者对西方基层社会治理理论（主要包括治理理论、参与式民主理论、增权与能力建设理论以及可持续发展理论）进行引介，以期为加强中国基层社会治理实践创新提供理论依据（范小西，2009）。其三，基层社会治理的实践逻辑。不少学者从“网格化管理”的角度来阐释基层社会治理创新的实践逻辑（田毅鹏等，2012；文军，2012），指出其进一步优化了社区制并形塑了国家与社会、市场的关系；与此同时，网格化管理因其细分网格、重构基层社区治理单元，容易导致基层的“科层化”和“压力型体制”特征（刘安，2015）。其四，基层社会治理的实践困境。有学者指出，当前基层社会治理实践中存在政府与社会之间职责关系不清的体制困境、各种机制不健全的机制困境，以及现有治理方法不能适应多元化需求的策略困境（桂华，2011）。其五，基层社会治理创新的策略性路径。基于基层社会治理中存在的各种困境，有学者从街道体制改革创新、完善各类治理机制、优化治理策略、创新治理方法、提高治理的法治水平等维度，提出了推进基层社会治理创新的路径。

从上述关于基层社会治理的研究成果来看，学者们虽然在某些方面进行了积极探索，但是，结合当前实践中面临的困境，仍然存在以下不足之处：其一，对基层的内涵界定模糊不清；其二，对基层社会治理的内涵缺乏清晰的阐释；其三，从“网格化管理”分析基层社会治理体制，显得过于狭窄和片面；其四，从本质上讲，基层社会治理创新是要重构国家、社会中间力量与个人之间的互动关系，而作为社会中间力量的“三社”则未被学界纳入基层社会治理的分析之中；其五，关于基层社会治理创新的理论主要从问题取向出发，强调一种方法论导向的问题—应对策略，而忽视了从本质上对加强基层社会治理创新进行理论阐释。

（三）以往研究述评

从以往有关“三社联动”和基层社会治理的研究情况来看，还存在着较大的研究和探索空间。其一，以往研究较少将“三社联动”与基层社会治理结合起来进行考察，忽视了二者的内在关系。“三社联动”应成为基层社会治理体制创新的有机组成部分，后者成为“三社联动”得以有效实施的保障机制，二者共同服务于助推社区建设、提升人民福祉的目标。其二，以往关于"三社联动"、基层社会治理等概念的内涵尚存在模糊之处，不利于有效指导实践。"三社联动"的内涵有待丰富，基层社会治理，尤其是基层的概念，应与以往乡镇、街道、居委会等行政性机构区分，关于"三社联动"的内涵也应进一步将社会元素纳入其中。其三，关于"三社联动"和基层社会治理的理论十分薄弱，不足以解释现实实践，有必要在现有以方法论为导向的理论基础上探寻上述议题的本体论解释路径。其四，以往研究较少深入实地对实践中的经验案例进行研究，缺乏理论与实践的互动，缺乏对经验实践的本土理论建构。

二、理论框架："嵌入性治理"的理论意涵及其假设

本章指出，嵌入性治理作为从总体上全面解释上述问题的理论视角，包含如下几个核心思想：

第一，"嵌入性"强调了两个相互关联的事物之间的本质性关系，类似于卡尔·波兰尼所谓的"本体论嵌入观"，在他看来，市场嵌入社会是二者之间的本质关系；同时，格兰诺维特提出的"方法论嵌入观"从策略上分析了市场行为如何有效地嵌入社会网络之中。正是在上述"嵌入性"的本体论和方法论意义上，笔者认为，社区与社会之间存在着类似于市场与社会之间的本质关系。基于此，深圳市Z街道提出了"让社区回归社会"的思路，明显体现了"社区嵌入社会"这一本质关系。但需要指出的是，"嵌入性"视角不能对多元行动主体之间的互动逻辑与行动策略进行有效解释，因而需要借助更具体的理论工具予以完善。

第二，合作治理理论超越了以往强调政府、市场或者社会其中一方主导，或者一方为中心、其他主体居边缘地位的控制或管理思维，而是强调通过多主体之间的有效联动与互动合作，形成一种平等有序的治理格局。但合作治理理论又难以回答多主体之间为何要形成有机互动与合作共治的机制。这就需要从"嵌入性"视角中寻找理论支撑。因此，正是在"嵌入性"与合作治理理论互相结合与互补的基础上，本章建构了嵌入性治理这一分析

视角，旨在形成从本体论和方法论两个维度对“三社联动”的发生机制、实践逻辑和实践效应进行解释的整合性视角。

第三，嵌入性治理在实践中如何体现。例如，H社区树立了“让社区回归社会”的理念，并建立了社区党建、社区服务、社区管理和社区自治“四位一体”的社区建设制度体系。具体而言，H社区以社区党建为核心引领，使其发挥社区再组织化的作用，引领社区居委会、业主委员会和社区社会组织，形成居民自治、业主自治和社团自治的“三元”社区自治体系，构成一种自上而下的再组织化与自下而上的自组织化相结合的社区组织化路径。Z街道撤销了具有行政色彩的社区工作站层级，将其业务以政府购买社会服务项目的方式交由专业社会组织来承接运营，体现了政府基层治理过程中的项目化逻辑。通过社区组织化和项目化两种策略，不断实现“社区再嵌入”的目标。

三、核心概念的界定

（一）“基层”“基层建设”概念再认识

要推进基层社会治理创新，需要首先对基层的内涵进行清晰定位。过去习惯于将基层理解为乡镇、街道办事处、社区居委会等层面的党组织系统，因此，进行基层建设就简单地沦为加强基层政权建设、巩固党组织在基层的整合能力和社会基础。这种理解在当前服务型政府和服务型政党建设背景下具有明显的缺陷。笔者认为，基层的外延和内涵都需要进行重新审视：从外延上讲，除了地方政府（乡镇、街道）和社区居委会以外，还应该把近年来在社区内开展活动、提供服务的社会组织纳入其中，构成理解“基层”的多元主体；从内涵上讲，基层建设不仅仅是指加强基层政权建设、维护社会稳定，更为重要的是，要提升人民的福祉，把社区大众的幸福程度、生活质量和水平等柔性指标作为基层建设的最终归属。因此，基层建设与社会治理，成为当前社会建设的两个核心命题（徐永祥等，2015）。

以往的基层建设中经常出现将上述关系“本末倒置”的现象，尽管政府在财力、人力、物力方面大规模投入，但在社区建设方面收效甚微，从根本上讲，这是由于传统的社会体制使政府、社会之间的关系模糊不清，常常出现政府"越位""错位"和社会力量"缺位""无位"所致，进一步阻碍了社区建设的进程。因此，未来的基层建设应进一步明确政府、市场和社会之间的边界，将社会组织纳入基层建设的主体构成和目标体系中，同时，要对社区居委会的法律属性和社会职能重新进行界定，进一步提升现有社区居委会层面社区工作者的能力，通过专业社工引领社区工作者和志愿者队伍，培育基层社区建设的生力军。

（二）"三社联动"的内涵再界定

"三社联动"与基层社会治理具有目标同源性，二者共同服务于社区建设和实现人民福祉的目标。区别于以往学界的论述，笔者认为，"三社联动"中的社区并非仅仅是指居委会这一主体或者地理空间，它更多的是指人们赖以生活于其中的社会共同体，因此，社区不应成为政府的附庸，而应是社会的组成部分。从这个意义上讲，政府应从社区中退出，让社区回归社会，成为人们生活之共同体；同时，要发挥社区自治组织、社区社会组织和专业社会组织对社区大众的组织化作用，实现社区的再组织化；另外，要实现社区回归社会、推进社区再组织化，需要一支专业社工人才队伍联合社区志愿者、社区居民等，构成推动社区建设的生力军。因此，"三社联动"并非仅仅是"三社"的联动，更是体现社会力量与政府各种组织形式之间的互动，即"三社联动"与"政社互动"在本质上是相互关联的。这种关联性的根本逻辑前提在于：社区本质上具有社会属性而非行政属性，在推进社区建设实践中，政府、社会力量、社区大众之间应形成合力，一方面政府应逐渐转移职能，将政府行政触角慢慢从社区中收回；另一方面，社会力量应该不断提升能力，使长期以来"缺位"的状态得到改善。进一步讲，"三社联动"与基层社会治理创新既要求政府转移职能，做到职能"归位"，又要求社会力量积极发展，做到功能"补位"，还要求长期以来具有行政性或边缘性地位的居委会属性能够得到"复位"。

第三节　社区体制改革中的“三社联动”：生成机制与逻辑动因

在这里，笔者不禁要问：H社区的“三社联动”机制是如何产生的？促使Z街道、阳光家庭社工服务机构、H社区居委会等主体合作推动社区治理实践创新的内在机制是什么？经过实证研究，笔者认为，H社区之所以能够探索出有效的“三社联动”机制，并积极服务于基层社会治理和社区建设目标，其内在依据需要从宏观社会结构要素、中观政策制度要素及微观行动要素等方面进行阐释。本节首先检视了国家推动社会建设以来的相关政策，直到近年来推进的全面深化改革乃至全球化背景等宏观制度环境之于基层社区体制改革的催生效应。同时，从市、区层面的实践创新与制度条件方面分析了H社区体制改革的中观要素，尤其是关于社区服务发展、社会工作参与社区建设等方面的制度安排成为这项改革的直接促进因素。另外，笔者立足Z街道及其相关社区实践，分析了该街道进行社区体制改革的微观基础要件，这些特殊要件直接形塑了Z街道H社区体制改革所具有的典型性和特殊性。H社区体制改革形成的不同机制，成为H社区“三社联动”社区治理模式的逻辑动因。

一、“重新找回社会”：社区治理的宏观机制

笔者认为，正是在“重新找回社会”的理论脉络指导下，我国开创了从总体性社会到以经济建设为中心的社会经济发展格局，再到逐渐重视社会建设的议题的逻辑轨迹，形成了全国范围内的社会建设制度创新及其实践基础。这一“找回社会”的政策实践始于二十世纪九十年代，尤其是进入新世纪的党的十六大，是上述变迁的重要分水岭。党的十六届六中全会通过的《中共中央关于构建社会主义和谐社会若干重大问题的决定》，系统地阐释

了和谐社会建设的重要战略思想，党的十七大报告中首次提出社会建设，并与政治建设、经济建设、文化建设并列成为"四位一体"的社会发展格局（中共中央文献研究室，2009）。这些战略举措的提出，标志着党的工作重心逐渐从经济建设转向更加重视社会建设，以民生为导向的社会建设成为此后中国政府和地方实践的根本逻辑。这种转向主要体现在以下两个方面：

1. 国家主导下的双向运动

中华人民共和国成立后，我国长期处于"总体性社会"格局下，这个时期主要形成了一种"有国家、无社会"的结构形态，正如有学者指出的那样：中国改革开放至二十世纪九十年代中期以来的公共政策将这一阶段概括为"只有经济政策、没有社会政策"的时代。这种状况直到政府意识到社会问题日益增多、社会矛盾日趋突出，因而做出部分政策调整以应对如此复杂的社会问题之后，才得以改变。政府将注意力逐渐转移到社会政策上来，将更多的资源投入社会政策领域，出现了从偏重经济政策到重视社会政策的转变（王绍光，2007）。总体上，改革开放以来中国开启的社会建设实践是从"无社会"状态到"找回社会"的重要转变，虽然社会建设过程中体现了政府的主导性色彩，但这种主导模式确实是中国社会现实的反映。正是在这个意义上，有学者强调，市场化改革造成了社会的利益多元化和分化，导致社会不平等、不信任和不稳定等问题，因而，中国社会建设的本质要求是"将社会带回来"，以此促成真正的社会公平，让国家回归社会（何艳玲，2013）。

2. 从管理向治理的转变

经过改革开放，尤其是二十世纪九十年代以来的社区建设，我国的社会体制已经从"政府—单位—个人/家庭"的社会结构过渡到"政府—社区—个人"的社会结构，即从"单位制"向"社区制"转变。然而，在一定时期内，由于"社区"未普遍成长起来，其行政化、单位化倾向明显，而社会化导向羸弱，导致"政府—社区—个人"的社会结构仍然体现着政社不分、以政代社、以政干社等传统体制的延伸，它在改变以往政企不分、社企不分体制方面有一定作用，但仍然未能在国家过度主导和干预方面有所改进。因此，必须从社会体制改革创新和创新政府社会管理职能中寻求和谐社会建设的破解之路（徐永祥，2005）。因而，相较于社会管理在管理理念上的滞后性、管理主体单一化、管理载体的不明确性、管理方式经验化等不足之处，不少学者指出，应该从“社会管理”走向“社会治理”，强调“社会治理”应成为未来社会体制建构的基本方向，这种新型的治理模式符合工业化、信息化、城镇化、市场化和全球化发展趋势（麻宝斌等，2011；蔡禾，2012；曹建萍，2013；杨敏等，2013）。这表明，新的历史时期，社会建设要求在理论和实践上从社会管理迈向社会治理范式。十八届三中全会出台的《中共中央关于全面深化改革若干重大问题的决定》指出，要“创新社会治理，必须着眼于维护最广大人民根本利益，最大限度增加和谐因素，增强社会发展活力，提高社会治理水平”，这标志着党的决策将社会治理纳入议事日程和政策实践之中。

笔者认为，正是从“无社会”到“找回社会”的演变，从“无社会建设”到“加强社会建设与管理”，从“社会管理”到“社会治理”等一系列治国理念、政策变迁及其实践创新，标志着我国社会建设的宏观脉络演化及其整体走向，同时，也体现了社会建设在理论和实践上的范式转变。这种宏观逻辑为基层社会治理创新，尤其是“三社联动”机制的形成奠定了重要基础。

二、“社会的生产”：基层“三社联动”的中观逻辑

“社会”在地方政府推动的社会建设中是如何生产与再生产的？在社会建设方面，广东省的实践既与中央推动社会建设的大方向一致，同时，又与地方实践密切结合，在全国社会建设实践中争当排头兵。深圳市作为新兴现代化城市之一，在社会建设方面得益于广东省社会建设的制度基础，同时，在社会工作参与社会建设方面进行了大胆的制度创新和实践创新，以制度化引领社会工作专业化、职业化发展，以此作为深圳市推进社会建设和社区治理创新的重要抓手。对深圳市与广东省其他地方有关社会建设、社区建设的制度与实践脉络，以及社会工作发展的制度与经验基础进行梳理与再现尤为必要，因为它们是深圳市Z街道进行社区体制改革的中观要件，也

是Z街道社区治理创新得以有效开展的重要制度和社会基础。从地方治理的角度来看，地方制度创新与实践为H社区体制改革创造了两个核心要件：

1. 社会建设与经济建设同等重要

改革开放以来，广东省在经济增长与社会发展方面取得了显著成绩，但是，作为改革开放先行地，广东省经济社会发展"一条腿长、一条腿短"的局面还没有根本改变，社会事业发展相对滞后，社会结构不尽合理，公共服务供给不足，重管理、轻服务以及发展中不平衡、不协调、不可持续问题依然突出。2011年，《中共广东省委广东省人民政府关于加强社会建设的决定》(以下简称《决定》)及7个配套文件(其与前面的《决定》共同简称社会建设体系"1+7"文件)正式出台，成为广东省推进社会建设的重要制度基础，也是全国范围内进行地方社会建设制度创新的重要实践。《决定》指出，"加强社会建设，把社会建设摆在与经济建设同等重要的位置"。相比于广东省关于社会建设的制度进程，深圳市似乎更早一步走上了社会建设的制度化道路。2010年12月，深圳市委、市政府召开了全市社会建设工作会议，会议指出"把社会建设摆在更加重要的位置来谋划和推动"，强调"社会建设与经济建设同等重要"。2010年12月21日，会议印发了市委、市政府《关于加强社会建设的决定》《社会建设考核指标体系》《社区服务发展规划》三个文件。上述地方政府有关社会建设的理念创新和制度变迁，尤其是有关社会建设中的"社会体制改革"以及社区服务发展规划等制度安排，为Z街道进行探索性改革提供了制度空间和合法性基础。

2. 制度先行的专业社会工作发展

党的十六届六中全会通过了《中共中央关于构建社会主义和谐社会若干重大问题的决定》，其中提出构建社会主义和谐社会的重大战略目标，同时还提出，要"建设宏大的社会工作人才队伍，造就一支结构合理、素质优良的社会工作人才队伍，是构建社会主义和谐社会的迫切需要"。该决定开创性地在中央文件中将社会工作人才队伍视为构建和谐社会的重要力量，自此在全国范围内拉开了推动社会工作、促进和谐社会建设的序幕。与此不同的是，深圳市自 1992 年就成立了深圳市社会工作者协会，开始关注、思考和发展社会工作，深圳市的社会工作发展基本上领先于全国总体水平。[①] 社会工作在深圳已有多年的发展历程，其间，在政府制度引领、行业协会推动、民间力量积极参与的机制下，形成了共推社会工作发展的合力，探索出了具有深圳特色的社会工作实践模式，为全市各区、街道和社区开展社区建设和社区服务提供了重要的经验基础。在此基础上，深圳市率先探索形成了一条“政府主导、民间运作”的制度化、专业化和职业化道路（刘润华，2008/2009）。社会工作职业化、专业化发展对于推动地方社会建设与社会治理而言意义重大。深圳社会工作实践取得了一系列显著成效，成为基层社区体制改革的重要主体和抓手。

三、“社区再造”：H 社区“三社联动”的微观机制

Z 街道能够率先进行社区体制改革，通过基层政府（街道）、居委会、专业社会组织、社区社会组织、社区居民等多元行动者的合作行动，形成对于社区建设的合作治理结构，与 Z 街道所处微观地缘政治、经济、文化和社会因素密切相关。笔者对 Z 街道进行社区体制改革的微观机制进行分析后发现：其独特的地理优势（处于改革开放前沿地带蛇口工业区附近）为此项改革奠定了重要的社会经济基础；同时，以 H 社区进行改革试点，是基于 H 社区作为现代化社区的样板，具备社区建设和社区体制改革所具有的一系列经验基础；另外，不可忽视的是，这项改革的启动是从街道层面开始构想的，尤其是街道党工委书记的改革理念和方案设计，使得局部试行改革之后，更进一步与社会组织达成深度合作共识，促成社区事务从原有社区工作站向社会组织的整体性转移。具体而言，促成 H 社区“三社联动”社区治理机制

---

① 在全国范围内，上海社会工作起步最早，在二十世纪九十年代末期及二十一世纪初，开始了社会工作的专业化进程，但是，几年后就被后来者（深圳等地）居上（赶超）了。自深圳推行制度化引领下的社会工作专业化、职业化进程以来，周边地区，例如，广州、东莞、中山等城市，乃至全国更大范围内的其他地区都逐渐加强了对社会工作的推动，从整体上形塑了中国社会工作发展的新纪元。

形成的微观基础主要有以下两个方面。

1. 作为现代化社区样板的H社区

坐落于深圳蛇口半岛的H社区，是改革开放"试验场"的重要空间。首先，蛇口工业区的辉煌发展为Z街道及H社区创造了重要的条件。改革开放以来，随着蛇口工业区的发展，其所经历的企业改制，对以之为工作载体的大量员工的生活，起着非常重要的调节作用。在调研过程中，有被访者向笔者指出："H社区的历史，就是蛇口工业区的历史；H社区的变迁，就是整个工业区的变迁。"其次，蛇口工业区是Z街道进行社区体制改革的经济基础。笔者借助深圳市N区近年的统计年鉴相关信息，分析N区Z街道进行社区体制改革的经济条件和物质基础。自2005年以来，N区人均国内生产总值(GDP)一直保持增长的趋势，受2008年全球金融危机的影响，在2008年、2009年、2010年出现人均GDP有所下降的趋势，但下降幅度较小，2011年经济得到复苏，尤其是2012年，实现了人均GDP增长超过两位数的显著变化。与此同时，城市居民人均可支配收入和在岗职工年平均工资都保持稳步的增长趋势。以2012年深圳全市各区的人均可支配收入为参考依据，当年除福田区(49 467元)高于N区(44 044.3元)以外，其他各区都居于N区之后。[①] 从这些数据中可以发现，N区总体上的经济发展水平为Z街道进行社区体制改革奠定了经济基础。最后，独特的社区历史和现实条件为H社区体制改革提供了经验基础。由于处在改革开放的前沿阵地，H社区从一开始就与现代化进程接轨，并在承接改革开放开拓者们的社会关系、社会生活与社区服务等方面发挥着重要作用；同时，随着工业化、市场化的推进，H社区呈现出一些显著的变化，使其最初具有的、同质性较强的生活共同体属性逐渐式微，并在全球化、信息化背景下，逐渐成为脱域的社区，社区的联结纽带功能也日益衰落。在此背景下，N区Z街道近年来日益关注民生和公共服务，旨在通过社区建设和社区服务，重建社区关系。

① 参见：深圳市N区统计年鉴(2005—2012年)相关数据。

2. “让社区回归社会”的现代社区治理理念与实践

在前述宏观、中观和Z街道自身的历史、社会、经济条件基础上，Z街道党工委积极引入专业社会服务组织承接相关的社区服务，通过项目化的方式实施政府委托的服务项目。在前期基础上，Z街道党工委与阳光家庭（专业社会组织）总干事、H社区居委会主任兼社区党委书记等核心成员共同探讨社会组织参与社区治理创新的方向，并基于全国范围内社区建设普遍存在的问题，以及H社区的实际情况，共同形成了“让社区回归社会”的理念和行动策略。首先，在理念共识上，多方主体形成了“让社区回归社会”理念共识。在调研中笔者发现，Z街道进行的最为根本的改革定位是：将社区还给社会。时任Z街道党工委书记H书记多次强调这一思想，他曾将社区、政府、社会、市场四个主体放在同一个共生场域中，明确指出社区属于社会，而不是属于政府或市场的理念。这一想法得到阳光家庭机构负责人和社区居委会主任、社区综合党委书记的认可，这为H社区体制改革与创新奠定了重要基础。同时，在制度保障上，Z街道进行了顶层设计，建立了“四位一体”的社区建设目标体系。首先，Z街道在与阳光家庭进行社区体制改革互动的过程中，确立了包括社区党建、社区服务、社区管理和社区自治“四位一体”的社区社会建设顶层设计。在党工委书记看来，社区党建、社区服务、社区管理和社区自治是每个社区必不可少的四个关键维度，它们共同构筑了社区建设的主要方面。其次，在行动策略上，除了进行顶层设计、明确改革目标，创新治理结构、形成多元治理体系以外，Z街道、阳光家庭、H社区居委会等主体还从党建区域化、服务专业化、管理网格化、自治实体化、运行制度化等方面加大改革力度，形成“五化”并举的社区建设与治理协调互动的发展格局。[①]

归结起来，多方主体合作进行H社区治理的行动策略，即如何“让社区回归社会”得以实现的主要方略可以概括为两种行动逻辑：一是自上而下的

---

① 引自H社区服务中心内部资料。

社区党建与自下而上的社区自治构成的社区组织化逻辑,二是通过政府购买服务开展社区服务与社区管理构成的项目化逻辑。

第四节 “让社区回归社会”:H社区“三社联动”的实践逻辑

2011年8月,阳光家庭承接了H社区服务中心项目,为社区内的老人、儿童青少年、困难家庭、残障人士,乃至社区内的全体居民提供专业性、人本性和公共性相结合的多元社会服务。其中,Z街道将原来由社区工作站承接的窗口服务打包给阳光家庭专业团队来执行,“一窗式”服务模式的实施受到社区居民的广泛好评,在该年度的评估中,居民对社区窗口服务的满意度达到99.3%。[①] 在此基础上,2012年4月,Z街道党工委与阳光家庭进一步商谈其他可能的合作空间,并达成由其承接和实施原属于社区工作站业务的共识。自启动此项改革以来,至今已有数年的实践,H社区在改革实践中逐渐形成了“三社联动”基础上的社区治理模式。

一、社区的本质重构:“让社区回归社会”实践

长期以来,社区作为地域性和体制性凸显的国家治理单元,成为继单位制解体后国家进行基层社会管理的重要抓手。在实践中,社区并未按照“如其所是”的属性发挥作用,导致实践中出现社区概念的异化以及社区建设的内卷化,简言之,当前推进的社区建设更像是建设社区,而对于社区应该彰显的社会、文化属性及其共同体功能在市场化经济时代日渐式微,社区原子化、碎片化和公共性衰落成为当前社区建设的多重景象。因此,如何使社区得以再联结、再整合和再组织化,成为社区建设的根本命题。

① 引自H社区服务中心内部评估资料。

在此背景下，深圳市Z街道党工委不断思考社区的本质意涵及其在社会结构中的定位。其中，最为核心的思想在于：社区建设的最终目标是社区自治，要实现这一目标，政府必须从社区中退出，让社会组织进入，让社区回归社会。这表明，社区从本质上讲是属于社会的，政府必须从社区中撤出来。具体体现在，2005年成立的H社区工作站一直是街道各项职能向社区延伸的重要载体，因而具有类似于政府行政层级的属性，导致社区工作站的行政化特征凸显与居委会日益边缘化相伴而生。这些都与居委会行政化的研究相契合（张苏辉，2006；向德平，2006）。结合党的十八大以来提出的“加强社会体制改革，激发社会活力”“创新社会治理”等理念，Z街道将社区工作站转型升级为社区服务中心（相当于“撤销”了社区工作站），由阳光家庭专业机构负责运营原来由社区工作站承接的业务，从原来街道—社区工作站之间的上下级行政隶属关系变为街道—社区服务中心（由社会组织承接）之间的政社互动与合作共治关系，明晰了政府、社区和社会组织在基层建设中的定位，强调了社区的“去行政化”与“社会性”并重的特征。

二、社会组织的导入：政府职能转移的重要抓手

Z街道在H社区推进社区体制改革的另一个重要策略在于：街道主动引入专业性和社会理性突出的阳光家庭，促进政府职能转移的有效落地。该中心成为政府职能转移的重要抓手，推进了政社不分向政社分工与合作机制的转变。阳光家庭得以与Z街道之间形成合作关系，需要分别从街道（政府）和阳光家庭（社会组织）两个主体的角度进行介绍：

对于Z街道而言，党工委书记十多年前就对社会组织（非营利组织）有了深刻的认识，在最近几年的改革发展中，街道积极培育和支持本土社会组织，并引入外来专业社会组织，使其成为社区建设的重要力量。例如，2013年以来，街道陆续推动成立了楼栋长联谊会、社会组织联合会，在H社区层面鼓励各类社区社会组织的发展，已有四十多个社区社会组织活跃在社区中；另外，街道还引入阳光家庭、深圳慈善公益网等专业社会组织进驻，以助

推本地社会组织不断发展壮大。在关系定位上，Z街道与社会组织之间是一种合作伙伴关系。

对于阳光家庭而言，社会使命与组织定位、专业人才队伍的延续性等元素至关重要。阳光家庭具有一定的妇联背景，是在上海市妇女联合会专项项目基础上发展而来的，但随后逐渐朝向综合性社会组织发展，目的在于通过专业理念和方法的运用，为社区内的各类人群提供多元社会服务，以促进社区和谐。在阳光家庭成立之前，已经有一支专业社工团队在H社区开展妇女儿童专项服务，在2011年运营H社区服务中心项目时，阳光家庭将这支专业社工队伍吸纳进来，继续在本社区开展专业服务，保障了专业队伍的在地性、持续性和稳定性。

三、社会工作人才的整合：社区服务生产的核心力量

政府职能转移如何真正得以落地？在Z街道政府购买服务实践中，引入外来专业社会组织、发挥专业人才队伍优势，成为社区服务生产和供给的重要方式之一。与此同时，有效整合社区资源、加强原有社区工作人员能力的提升，成为Z街道实施的另一个重要策略。一方面，阳光家庭的专业社工队伍在运用专业理念、方法等要素为社区各类人群提供专业服务方面具有明显的优势；另一方面，他们在有效进入社区并积极运用社区资源方面还面临着困境。如何将专业人才队伍与原有社区工作者进行整合，发挥各自优势，成为H社区推动"三社联动"面临的一个难题。在社区工作站撤销后，街道和阳光家庭采取"自愿＋择优"的原则，鼓励原有工作站人员转型到社会组织中来，经过几轮筛选，最后有六名社区综合协管员转到阳光家庭中来，与机构专业人才一起，构成推动Z街道职能转移、提供社区服务、促进社区建设的生力军。

在实践中，阳光家庭鼓励两支队伍相互合作，加强团队合作意识，在不同方面形成优势互补的师徒关系：在专业性较强的服务方面，专业社工是老师，要带着原有协管员（转型后称为社工员）一起开展专业服务，鼓励他们参

加全国社会工作者职业资格考试，转变他们的工作理念和方法，以凸显“服务为本、以人为本”的社区工作宗旨；而在管理性较强的网格工作方面，社工员队伍具有较丰富的社区工作经验和熟悉的社区人际关系网络，要充分发挥引领作用，带领专业社工更好地进入社区。两支队伍的有效融合，为社会工作真正落地并扎根社区创造了重要条件，有利于形成“社区为本”的社会工作实践模式。

四、“三社”何以“联动”：政社分工机制下的行动实践

笔者在H社区的调研表明，要实现“三社”的有效联动，根本前提在于要形成政社分工与合作的行动机制。即H社区推行的“三社联动”，是与“政社联动”紧密结合在一起的。那么，H社区的政社合作实践是如何展开的呢？

Z街道于2009年后逐渐加大对社会工作、社会组织的重视，不仅结合市、区层面统筹的政府购买岗位社工制度，在街道辖区内引入岗位社工开展社区社会工作服务，而且还通过引入专业社会组织承接本街道的社会组织培育、孵化、能力建设等社会组织建设事宜。2011年，引入专业社工机构的社工团队在首批成立社区服务中心的H社区开展综合性社区服务，并于2012年4月对社区服务进一步升级，即不仅配合市、区两级推进社区服务中心的实践，还将原来由社区工作站承接的绝大多数社区事务打包委托给社区服务中心的社工团队，形成了以社区为根基、以社区服务中心为平台、以专业社会组织和社区社会组织为阵地与纽带、以专业社工和本土社区工作者为抓手、以辖区相关主体积极参与社区建设为补充的“一核多元”联动治理格局。这种联动的根本前提在于：地方政府（Z街道）与社会组织阳光家庭之间形成了分工协作的格局，并通过政府购买服务机制使政社双方的关系得以契约化、规范化运作。

在Z街道委托承接运营H社区综合事务（社区服务和社区管理类事务）的过程中，阳光家庭团队结合自2008年以来在H社区开展妇女儿童服务的

经验[①]，更加有效地以社区实际为依据、以社区需求为出发点，通过社会工作理念、方法和资源整合，为社区内各类有需要的群体提供了丰富多元的服务，激发并培育了数十家社区社会组织，积极参与社区各类事务；同时，不断吸引社区志愿者加入社区服务与社区管理事务中，形成了社工＋义工的"双工联动"模式。

总体上讲，H 社区"三社联动"的有效实践，是在政社分工与合作的实践中形成的。但以往研究和实践较少强调政社分工与合作实践的内在机制到底是什么，因而，难以体现"三社联动"得以有效实践的根本逻辑前提。笔者在调研过程中结合实践，不断追问这种"三社联动"何以可能的问题。结合 Z 街道党工委近几年的社区建设思路，以及 H 社区建设的实践，笔者发现，在党工委、专业社会组织、社区居委会等主体层面逐渐形成的"让社区回归社会"理念，是促成政社分工与合作，尤其是"三社"得以真正有效联动的内在机制。何谓"让社区回归社会"？根据街道党工委书记的想法，在实践层面指的是让政府的触角从社区中退出来，让社区事务回归社会，由社会力量来参与实施。作为具有体制意义和行政化特征显著的社区工作站，在社区建设中出现了诸多问题，例如，使本应发挥居民自治属性的居委会被边缘化等。由此，Z 街道将 H 社区工作站撤销，并将相关业务打包委托给阳光家庭来承接实施，这是一种"让社区回归社会"的重要理念创新和实践探索。这种做法是一种重新反思社区本质内涵的尝试，基于此形成了政社分开与合作基础上的"三社联动"实践。

第五节　H 社区"三社联动"的社会效应及其经验反思

深圳市 Z 街道 H 社区探索的"三社联动"模式，从根本上讲，是在重构社

① 自 2008 年起，深圳市妇女联合会购买了近十名专业岗位社工入驻 H 社区开展妇女儿童专项服务。虽然是岗位社工，但深圳市妇女联合会更多地要求这十名社工以项目化、团队化的方式开展服务，这为后续以团队化方式运作的 H 社区服务中心的建立奠定了重要的组织基础、经验基础，也为后续社区治理实践积累了社会与群众基础。

区的社会本质基础上形成的，通过导入与培育、创新与发展相结合的策略，鼓励社会组织承接政府转移的职能，并对专业社工（增量人才）与社区工作者（存量人才）进行整合，培育出一支符合现代社区发展需要的高素质人才队伍。经过几年实践，H 社区“三社联动”模式形成了一系列实践经验，产生了良好的社会效应。

一、探索“一核多元”模式，强调多元主体的合作治理

为了突破社区建设的瓶颈，推进社区体制改革创新，Z 街道 H 社区在建设实践中逐渐形成了“一核多元”的社区治理模式。Z 街道与阳光家庭在进行社区体制改革互动的过程中，确立了包括社区党建、社区服务、社区管理[①]和社区自治在内的“四位一体”社区建设顶层设计。其中，社区党建是核心，通过构建区域化党建格局，强化社区党组织对社区社会建设的核心引领作用，不断提高社区党建科学化水平；社区服务是龙头，通过全面升级社区服务，大力扩展社区公益服务，形成完善的社区公共服务体系，最大限度地增加和谐因素；社区管理是基础，通过充分发挥“一格三员”网格化管理模式在社区管理中的基础性作用，真正将矛盾和问题化解在基层，最大限度地减少不和谐因素；社区自治是动力，通过积极培育社区社会组织，完善社会协同机制，扩大公众参与，形成多元互动、合作共治格局，构建和完善居民自治、业主自治、社团自治的“三元”社区自治体系，最大限度地激发社区活力。

H 社区“一核多元”社区治理模式正是在 Z 街道“四位一体”社区建设制度体系基础上形成的。所谓“一核多元”，是指以社区党委为核心，以社区居民委员会和社区服务中心为主要依托，促进社区社会组织、业主委员会、物业管理公司、驻辖区企事业单位等多元主体密切配合，实现多元互动、多方参与和共建共享，形成社区治理的合作共治模式。

---

① 需要说明的是，尽管近年来学术界和政策领域多使用“社区治理”这一术语，但笔者在调研时发现，社区实践中还流行着“社区管理”的表述，因此，为了尊重调研场域的客观面貌，在此保留“社区管理”的表述。

二、构建"三元自治"体系，创新社区自治的实践机制

有序的社区参与和社区自治，是基层社区建设的核心诉求和内在动力。在笔者看来，社区自治应包括以居委会为核心的居民自治、以业主委员会为引领的业主自治，以及以社区社会组织为载体的社团自治，它们构成相互支撑的"三重"社区自治体系。在实践中，H社区自治就是通过居民自治、业主自治和社团自治三重路径来进行实践的。

在居民自治方面，H社区通过重塑社区居委会的属性，使其回归居民自治的本质。居委会在社区建设中不再扮演直接服务者的角色，而是承担议事、指导和监督责任，通过社区居委会直选、搭建"一网两会三小组"平台，以及实施社区"微实事"项目等多元化策略，提升了居民参与社区自治的意愿和能力。在业主自治方面，Z街道明确规定了社区居委会对业主委员会的培育、孵化、指导和监督职能，这构成了社区居委会在与业主委员会之间关系上的绝对优势，使社区内的业主委员会在为业主争取和维护权益方面具有明显的价值合理性，而不至于出现其他许多地方发生的非理性、集群式业主维权行动。因此，有序的业主自治构成了H社区自治的重要内容，它在激发社区居民参与意识、倡导社区居民理性参与方面发挥着积极作用。在社团自治方面，为了贯彻落实党的十八大以来强调的"激发社会组织活力，促进社会建设"精神，Z街道专门成立了社会组织服务中心，并委托专业社会组织运营，为辖区内的社会组织提供孵化、培育、服务、资源整合、培训、开展公益活动等服务。同时，在社区层面，通过成立社会组织联合会以及楼栋长联合会等枢纽型组织，统筹、协调社区内的各种社会组织，通过行业自律实现社团自治，丰富了社区自治的内涵与实现路径。

三、彰显"社区为本"理念，构建社会工作的本土路径

社会工作是推动和谐社会建设的重要抓手，专业社会工作人才队伍是实现和谐社区建设目标的重要主体。但是，从全国范围内看，社会工作的专

业化水平还不高，在回应具有中国特色社区语境下的需求时经常出现“水土不服”的现象。在实践中，社会工作人才队伍建设成为Z街道推进“三社联动”社区治理创新的重要组成部分，坚持“专业化＋本土化”相结合的原则，既强调社会工作在社区服务过程中对专业理念、伦理、原则和方法等要素的遵循，又强调其对社区本土资源的挖掘和运用。在整个社会工作实务界面临“难进社区”的尴尬局面时，H社区服务中心通过原有社区工作者与专业社工的有效融合，逐渐探索出包括注重社区需求、立足社区实际、扎根社区情境、运用社区资源等策略性机制在内的社会工作实践模式，笔者将这种实践称为“社区为本”的社会工作发展模式。简言之，它更加注重对社区需求的评估和社区资源的整合，在此过程中社会工作更加凸显“作为方法而存在的专业手段”，这种“社区为本”的实践逻辑也应成为中国社会工作本土化发展的根本方向。

四、探索政社分开机制，成为社会治理创新的核心动力

十八届三中全会指出“创新社会治理体制”，从本质上讲就是要“正确处理政府和社会的关系，加快实施政社分开，推进社会组织明确权责、依法自治、发挥作用”，在增强社会发展活力的基础上，提高社会治理水平。笔者认为，H社区“三社联动”实践中不断形成加强政社分开、探索政社合作的社会治理体制，促进了政府职能转移和社会组织健康发展。

1. 加强政府职能转移，使政府权力“归位”

政府不是万能的、全能的，它不能也不可能包办一切。诸多教训已表明：背负在政府身上的沉重包袱会导致其管理社会的成本越来越高，而社会发展呈现越发式微的内卷化效应。基于此，笔者认为，加强政府职能转移，就是政府将必须管的事情管好，将做不好、不该做的事情转移给社会或市场来分担。这里涉及两个核心的问题：一是哪些事情应该由政府来管？哪些事情不应该由政府来管？二是政府如何来管？如何履行其必须履行的职能？对于第一个问题，承担国家与社会公共安全、社会稳定的相关事务，包

括各项法律法规的制定与执行等，是国家和各级政府必须履行的事情；其他如公共服务、社会福利与社会保障、社会公平正义等方面，政府可以引入市场或社会力量共同履行。对于第二个问题，简言之，就是政府治理规则的问题，"如何治理"成为政府"怎样管"的主导性原则，这需要在各级政府部门中形成政社分开与合作、政企分开等治理机制。

2. 加强社会组织发展，使社会力量"补位"

从一个社会的宏观结构上讲，在抽象的国家（各级政府）与具体的个人之间必须有一系列中间机制作为桥梁和纽带，否则，凡是个人的问题都直接需要国家来解决。因此，有必要在国家与个人之间建立一系列中介组织，尤其是各类具有社会服务功能的社会组织，以形成国家—社会—个人之间的良性互动形式。在数十年的"总体性社会"格局下，"社会"长期受到抑制，未能得到充分发展并发挥应有的作用。基于此，笔者认为，在社会治理体制创新背景下，激发社会组织活力，使社会力量"补位"，成为政社分工与合作体制机制得以形成和完善的另一抓手。

五、形成"三社联动"模式，实现基层建设的共促效应

过去有一些学者强调"三社联动"主要是指社区、社会组织和社工之间的联动。从 H 社区探索的"三社联动"社区治理模式来看，真正有效的"三社联动"不仅包括"三社"之间的联动，同时也包括"政""社"之间的联动以及"三社"与社区大众之间的联动。原因在于：单纯强调社区、社会组织与社工之间的联动，可能会忽视"三社"得以联动的最根本要素，包括社会组织的合法性基础是什么、其行动所需的资源如何获得、社会服务如何得以生产和传递等。这势必需强调政府、社会、大众之间的互动关系。因此，笔者认为，从本质上讲，"三社联动"在实践中需要形成政府、社会组织（包括专业社会组织、居委会、社区社会组织等）、社区大众及部分市场力量之间的有机互动，其中，基层党组织的核心引领作用应该得到体现，并鼓励其他多元力量协同参与、互动合作，构成多元行动主体参与社区建设的合作共治机制。这种机

制内在地与基层建设的目标和宗旨相契合。而 H 社区近年来的实践无疑体现了“三社联动”助力基层建设的现代化进程，同时，在某种意义上促进了基层社会的发展。

六、实现“多元共赢”格局，巩固社区治理的合作机制

要评价 H 社区服务体制改革是否有成效，关键要看相关利益主体在参与社区治理过程中是否达到了共赢的局面。在 H 社区“三社联动”实践中，Z 街道、H 社区居委会、阳光家庭和社区居民等主要利益相关行动主体是如何实现各自的目标，又是如何实现一种整体效应的呢？

调研表明，H 社区“三社联动”实践确实在一定程度上实现了多元主体的共赢和多重增能目标，具体体现在：

1. 政府方面实现了成本节约与工作效率的提升

一是资金投入减少。以 2011 年为例，社区工作站的经费支出大概是 300 万元(其中包括第 26 届世界大学生夏季运动会 60 万元经费)，2012 年社区工作站撤销合并为社区服务中心之后，年度经费为 190 万元左右。二是人力投入减少。在 H 社区管理体制改革之前，社区服务中心共有 6 人，加上原来社区工作站、社区居委会和社区综合党委的 30 余人，H 社区开展社区服务的有关人员近 40 人。社区管理体制改革之后，整个社区服务中心增至 18 人，社区居委会和社区综合党委共有 5 人，总计 23 人，远少于体制改革前的人数。三是工作效率提升。经费投入和人力投入减少并不意味着工作效率和服务质量的降低，相反，H 社区行政服务窗口改制后，居民对社区服务中心的满意度达到 99.3%，意味着居民更愿意接受现有的服务方式。

2. 居委会方面进一步回归居民自治属性

改制前，H 社区居委会与社区工作站实行“两块牌子、一套人马”的工作模式，承接街道下派的各项行政事务，居委会行政化程度极高。改制后，社区工作站从原有职能中剥离出来，人员也相应地撤离，居委会成员由居民选举产生，并逐渐回归居民自治属性，承担服务、议事、枢纽、监督等责任。

3. 社区工作站实现从被敌视到希望"被并入"的过渡

改革酝酿过程中，H社区工作站对阳光家庭怀有强烈的敌意，以致时任H社区工作站站长对街道和阳光家庭采取"避而不见"的策略。随着阳光家庭在社区内的服务效果越来越显著，街道党工委书记、阳光家庭负责人等多次与H社区工作站站长沟通，勾画未来改革蓝图，多边关系得以缓和。H社区工作站被撤销后，其原有人员部分转移到社区服务中心，其余则转移到其他社区工作站，原工作站站长逐渐接受了社区工作站被撤销合并的事实，在切实看到阳光家庭带来的社会效应后，进而转向对该中心的亲和与接纳。

4. 专业社会组织的能力得到提升，功能日趋完善

在H社区管理体制改革中，社区工作站这一组织形式被撤销，但其功能仍然存在。改革后，阳光家庭实则成为原社区工作站的运营主体，掌握社区内更多的信息与资源。社区服务中心作为阳光家庭在H社区提供服务的平台，集多种功能于一身。因此，对于阳光家庭而言，其最直接的获益便是获得了更大的发展空间与平台，社区服务中心业务与功能的进一步扩展，使阳光家庭能够切实触碰到社区居民的最迫切需求，使为社区居民提供"迫切"的社区公共服务成为可能。在此过程中，阳光家庭的社会影响力越来越大，社会公信度也越来越高。

5. 社区居民从"不愿来"到"不想走"的巨大转变

笔者发现，社区服务模式的转变对社区居民有着重要影响，社区居民对改革前后的社区服务亦有不同的态度与评价，从改革前的"不愿意去"，到改革后的"很愿意来"，再到"下班了还不想走"，直接反映了H社区体制改革后专业社会服务机构在提供社区服务方面难以比拟的优越性。

可见，正是在多元主体协调互动、利益分化与整合过程中实现了H社区体制变革与创新，从而实现了多元主体的共赢局面。其中，Z街道作为体制改革的领导者，负责对中心进行业务指导、工作协调与监督以及服务评估等工作。H社区居委会从行政工作中解放出来，回归居民自治，同时被赋予监

督H社区服务中心的职能，加上其与社区综合党委的密切联系，实则很难将两者完全分开，社区居委会主任因此扮演着社区一把手的角色。H社区服务中心则负责专业服务与政务类事务等工作，是阳光家庭在H社区提供专业服务的重要平台。通过对H社区体制改革脉络的检视，我们看到一种政社分工与合作的新型国家与社会关系模式正在形成。这种互动关系模式，即本章所指的嵌入性治理。这种治理实践意味着在社区治理过程中，多元主体基于社区本位，形成共同嵌入社区的根本前提，并通过有效联动实现了社区合作治理的重要实践机制。

第六节　结论与讨论

笔者认为，H社区近年来在“三社联动”社区治理方面进行了积极的探索，并形成了一系列有益的经验。这些经验对于我们从全国层面思考和推进“三社联动”实践具有重要的启示和借鉴意义。具体而言，本章主要从开展“三社联动”的重要性、“三社联动”的构成要素、“三社联动”的实践机制，以及“三社联动”的保障条件等方面提出相应的政策建议。基于实践中正在积极探索的“三社联动”经验，笔者认为，“三社联动”是在政社分工与合作体制下，通过政府购买服务等联结机制，激发社会活力，参与社会建设，促进政府与社会力量分工协作、各司其职，在推进基层社会治理和公共服务创新的双重目标过程中形成社会建设的共治合力。本节将对“三社联动”的理论和实践议题进行反思性讨论。

一、加强对“三社联动”实践重要性的认识

随着现代化建设进程的加快，传统的社会管理模式因难以回应相关的社会问题和社会需求而受到越来越严峻的挑战。十八届三中全会提出的“创新社会治理体制”等重要战略决策，标志着社会建设领域从社会管理向

社会治理的范式转型。正是在这样的背景下,“三社联动”的议题得以产生,并逐渐成为一些地方基层社会治理实践的重要内容。为了进一步深化“三社联动”的实践,促进已有经验的辐射和推拉效应,有必要进一步对“三社联动”之于基层社会治理创新的重要性进行强化。

第一,加强“三社联动”实践,是创新社会治理和公共服务的重要手段。“三社联动”的提出,是应对新时期社会问题的重要产物。在全面深化体制改革背景下推进“三社联动”实践,是促进社会治理机制创新和优化公共服务的重要手段。

第二,加强“三社联动”实践,是推进基层社会治理创新的社会化机制。“三社联动”要以社区为场域,因此,其首要的功能体现在对基层社会治理实践的推动上。“三社联动”格局的形成,有助于优化现有基层社会治理结构,其也是促进现有基层社会治理体系和治理能力现代化的重要机制。

第三,加强“三社联动”实践,是激发社会活力、服务社会建设的助推器。“三社联动”强调对社会领域内不同资源和力量的整合,旨在激发社会活力,增强社会建设的活力和生命力。

第四,加强“三社联动”实践,是实现政社分工与多元合作的重要平台。“三社联动”是与政府职能转移、服务型政府实践密切相关的重要机制,是强化和推进政社分工与合作的重要平台。

二、嵌入性治理视角下“三社联动”的实践机制

本章在嵌入性治理这一理论视角下展开,相关建议也是基于这一理论提出的。嵌入性治理强调对社区本质属性的回归,这是进行基层社会治理的根本前提。与此同时,嵌入性治理强调通过组织化和项目化机制实现社区的本质回归。因此,在嵌入性治理视角下分析“三社联动”的实践机制,主要包括如下方面:

1. 社区的本质重构

长期以来,中国推动的社区建设运动其实是一种自上而下的实践逻辑,

结合社区的单位制解体后的地域化和行政化属性，社区日益成为国家治理的重要单元。在这个意义上，社区有了强烈的政治性、行政性和地域性，而缺乏社会性、自治性和共同体属性。笔者认为，要有效推动“三社联动”、助推基层社会治理创新，首要前提在于，对社区的本质属性进行重构。那么，社区的本质是什么呢？《民政部关于在全国推进城市社区建设的意见》中指出，“社区是指聚居在一定地域范围内的人们所组成的社会生活共同体”。这里的社区包含两层含义：一是地域性，具有一定的空间边界；二是共同体属性，即生活在这种地域空间中的人们之间的相互联结、相互关系。但是，已有学者指出，社区的这种共同体属性与其他共同体之间没有什么本质的不同，社区已日益成为一种“脱域的共同体”（王小章等，2003）。因此，笔者认为，在当代社区建设和社区治理过程中，应该重新回到社区“如其所是”的属性才能真正推动社区建设目标的实现。那么，这个“如其所是”指的是什么呢？结合H社区的实践，“让社区回归社会”的理念和实践成为对社区本质进行重构的重要体现。换言之，让本来嵌入社会的社区回到社会，这种观点体现了社区的社会属性，而非政治性、行政性。

2. 组织化机制

从本质上讲，社会建设的本质问题是一种社会（再）组织化过程，以应对个体化、碎片化、风险化时代面临的一系列社会问题。笔者结合在H社区的调研，认为实现社区建设的核心机制是组织化机制。这种组织化机制包括自上而下的再组织化机制和自下而上的自组织化机制。其中，自上而下的再组织化机制，是指发挥基层党组织的核心引领作用，通过一系列社区党建活动，挖掘社区党员资源，搭建党员服务群众的平台，重构党组织在基层的群众基础和合法性基础。因此，从这个意义上讲，社区党组织自上而下的实践行动，体现的是通过党组织的动员活动，实现一种再联结、再组织化的作用机制。而自下而上的自组织化机制，指的是在党组织的核心引领下，发挥社会组织的组织化功能，即形成“党建引领自治”的逻辑。这种逻辑通过社团自治、居民自治和业主自治等方式，实现一种自下而上的自主化机制。因此，发挥各类社会组织，包括社区社会组织在社区建设中的组织化作用和载体作用，是"三社"有效联动的重要逻辑。需要强调的是，这种再组织化和自组织化逻辑并不是截然分开的两条路线，而是以社区党组织为核心引领进行的相互补充、互相促进的实践逻辑。

3. 项目化机制

不少学者提出了"项目治国"的理念，并通过一系列中央政策的实践来强调中央与地方政府之间的关系，在此基础上，他们将"项目制"视为一种国家治理体制（渠敬东，2012；周飞舟，2012）。在本研究中，项目虽然是社区治理的重要载体，但并未形成一种类似以往学界强调的"项目制"逻辑，而是一种"项目化"逻辑。项目制逻辑体现的是一种刚性的治理体制，突出强调了不同主体之间的上下权力关系；项目化逻辑更多的是通过政府购买服务的方式，实现不同主体之间的合作关系。在H社区建设实践中，地方政府以政府购买服务的方式，旨在通过一种合作性的项目化机制，在实施政府公共服务生产和资源供给的过程中，发挥社会力量参与的独特优势，同时，在更大范围内激发社会活力，促进其合作参与社区治理。因此，可以说，政社分工与合作是"三社联动"在实践中的根本实践逻辑。

三、基层社会治理中"三社联动"实践的保障条件

要实现"三社联动"有效参与基层社会治理的目标，需要有一系列条件作为保障。

1. 明确"三社联动"的根本前提

"三社"何以联动？从根本上讲，这需要明确"三社"之于基层社会治理的共同意义，即"三社"在基层社会治理中的联结机制。这种机制包括四个方面：一是形成以社区需求为本的"三社"回应机制；二是形成以社区、社会组织、社工构成的"三社"行动机制；三是形成以政社合作与分工为保障的"三社"合作机制；四是形成以政府购买服务为核心、以社会资源整合为补充的资源保障机制。只有具备上述条件，"三社"才能真正联动起来。

2. 优化“三社联动”的制度保障

目前，各地在“三社联动”方面有一些积极的探索，但这些实践缺乏整合性，相关经验难以有效整合并形成制度化推进格局。笔者建议，在现有“三社联动”得到一定实践的基础上，可以试着形成在全国层面推进“三社联动”参与基层社会治理的政策建议，这种制度文本应该明确“三社联动”的核心内涵、不同主体之间的权责边界与合作关系，以及不同地区开展“三社联动”应该关注的核心要素等，从制度层面为推动“三社联动”提供保障。

3. 搭建“三社联动”的组织保障

“三社联动”是基层社会治理创新的重要实践机制，涉及不同政府部门以及不同社会主体参与过程中的统筹协调问题。目前，以民政部门为主要引领的“三社联动”实践还需要在具体实践中进一步优化，在进一步整合相关部门和相关主体共同参与“三社联动”的同时，建立不同部门之间的整合协调机制和联动、联席机制，以形成部门联动、政社互动的组织格局。在现有部门利益分化严重、不同主体利益偏好难以调适的前提下，如何建立有序的组织保障机制，需要对“三社联动”之于不同部门、不同主体的不同意义进行阐释和整合。

参考文献

[1] 蔡禾. 从统治到治理：中国城市化过程中的大城市社会管理[J]. 公共行政评论，2012，5(6)：1－18.

[2] 曹建萍. 从社会管理到社会治理：理念与实践[J]. 特区实践与理论，2013(1)：43－45.

[3] 陈丽，冯新转. “三社联动”与社区管理创新：江苏个案[J]. 重庆社会科学，2012(2)：33－39.

[4] 范小西. 当代西方基层社会治理新理论及对我国社区建设的启示[J]. 晋阳学刊，2009(3)：42－45.

[5] 桂华. 中国基层社会治理的正当性危机：基于若干案例的讨论[J]. 中共杭州市委党校学报，2011(1)：67－73.

[6] 何艳玲. “回归社会”：中国社会建设与国家治理结构调适[J]. 开放时代，

2013(3)：29－44.
[7] 郎晓波."三社联动"推进社会建设：来自杭州江干区的经验[J].浙江学刊,2013(6)：66－70.
[8] 刘安.网格化管理：城市基层社会治理体制的运行逻辑与实践特征：基于N市Q区的个案研究[J].江海学刊,2015(2)：99－107.
[9] 刘润华.深圳社会工作研究[J].广东民政,2009(9)：31－32,37.
[10] 刘润华.以制度创新推进社会工作：深圳社会工作探索[J].中国民政,2008(12)：44－46.
[11] 吕青.创新社会管理的"三社联动"路径探析[J].华东理工大学学报(社会科学版),2012,27(6)：7－12.
[12] 麻宝斌,任晓春.从社会管理到社会治理：挑战与变革[J].学习与探索,2011(3)：95－99.
[13] 渠敬东.项目制：一种新的国家治理体制[J].中国社会科学,2012(5)：113－130,207.
[14] 田毅鹏,薛文龙.城市管理"网格化"模式与社区自治关系刍议[J].学海,2012(3)：24－30.
[15] 王绍光.从经济政策到社会政策：中国公共政策格局的历史性转变[J].中国公共政策评论,2007(1)：29－45.
[16] 王小章,王志强.从"社区"到"脱域的共同体"：现代性视野下的社区和社区建设[J].学术论坛,2003,26(6)：40－43.
[17] 文军.从单一被动到多元联动：中国城市网格化社会管理模式的构建与完善[J].学习与探索,2012(2)：33－36.
[18] 向德平.社区组织行政化：表现、原因及对策分析[J].学海,2006(3)：24－30.
[19] 徐选国,徐永祥.基层社会治理中的"三社联动"：内涵、机制及其实践逻辑：基于深圳市H社区的探索[J].社会科学,2016(7)：87－96.
[20] 徐永祥,侯利文.基层建设与社会治理：当前中国社会建设的两个命题[J].河北学刊,2015,35(4)：110－115.
[21] 徐永祥.社会体制改革与和谐社会建构[J].学习与探索,2005(6)：20－24.
[22] 杨敏,杨玉宏."服务—治理—管理"新型关系与社区治理新探索[J].思想战线,2013,39(3)：1－7.
[23] 叶南客,陈金城.我国"三社联动"的模式选择与策略研究[J].南京社会科学,2010(12)：75－80,87.

[24]　张苏辉.社区居委会行政化的社会学微观视角[J].求索,2006(5):72-73.

[25]　周飞舟.财政资金的专项化及其问题兼论“项目治国”[J].社会,2012,32(1):1-37.

[26]　中共中央文献研究室.十七大以来重要文献选编-上[M].北京:中央文献出版社,2009.

第四章　基层治理的社会化：深圳Z街道网格化管理社会化服务模式[1]

网格化管理作为近年来基层社会治理的重要实践形式，日益受到关注。我们纵观近年来的实践探索及其研究现状不难发现，网格化管理在科层体系之中运作，本质上仍是一种治理技术，这源于网格化管理内在遵循的行政本位逻辑。深圳市Z街道近年来的网格化实践体现出一种新的治理范式转向，即在党建核心引领下经历了从管理主义取向到基层治理的社会化逻辑演变，后者更强调聚焦基层治理中新的社会需求、社会服务和社会治理逻辑。这与党的十九大强调的社会主要矛盾变化、提高社会治理社会化等理念是一致的。这种"基层治理的社会化"逻辑成为网格化管理在基层治理实践中的核心机制，其在社区场域不断重构着地方国家与基层社会之间的深层互动关系，促进国家与社会迈向深度的整合形态。

---

① 本章部分内容曾以《城市基层治理的社会化机制——以深圳市Z街"网格化管理社会化服务"项目为例》为题，发表于《浙江工商大学学报》2018年第2期，此次收录略有改动。

第一节　导　论

一、研究缘起

作为近年来城市管理的一种创新模式，网格化管理在全国范围内迅速推广，并得到基层政府和学术界的积极响应。党的十八届三中全会发布的《中共中央关于全面深化改革若干重大问题的决定》中关于改进社会治理方式的阐述着重强调："坚持源头治理，标本兼治、重在治本，以网格化管理、社会化服务为方向，健全基层综合服务管理平台，及时反映和协调人民群众各方面各层次利益诉求。"这表明，中央提出"网格化管理、社会化服务"旨在对基层社会服务与管理进行整合，通过切实了解人民大众的需求和利益，以规避长期以来存在的基层治理碎片化和内卷化问题，并以此作为社会治理创新的新趋向。同时，十八届三中全会还强调要"加强社会治理创新"，这从根本上要求改变原有的政社不分的基层治理体制，以探索一种不断激发社会活力、促进政社有效分工与合作的基层治理新机制。上述理念和决策创新，旨在通过"网格化管理、社会化服务"实践和探索，助推基层治理体制机制实践创新进程。

Z街道位于打响改革开放第一炮（蛇口半岛）的土地上，一直传承着"拓荒牛"的进取和探索精神，积极回应着社会治理创新的时代使命，在顺应我国社区治理历史脉络和发展规律的前提下，不断进行社区治理机制探索和创新。2010年1月起，Z街道正式实施"一格三员"网格化不和谐因素科学治理模式，实现了基层社会治理工作从单一式运作向综合化运作的转变，奠定了基层管理网格化工作的基础。作为全市首个社会建设"织网工程"的试点单位，Z街道将信息化技术与网格化管理有效结合起来，在一定程度上促进了基层治理工作的创新，但传统网格化工作中的一些局限性也逐步暴露出来，例如，对"一格三员"中不同性质的组成队伍如何进行有效整合？行政性与社会性如何衔接与联结?基层网格员队伍的合法性如何确定?等等。因此,有必要对Z街道近年来推进的网格化管理社会化服务实践进行系统梳理和总结提炼,以进一步完善基层社区网格化管理和服务工作机制,凸显网格化工作在社区治理中的作用和优势,挖掘网格化管理实践在社区建设中的组织化功能,不断推动基层治理朝向服务型方向演进。

二、文献回顾

(一)网格化的内涵及网格化管理的兴起

随着网格化在基层社会管理中的运用及其功能定位,不同学者对网格化进行了研究。网格化概念主要源于网格这一基本的概念基础。福斯特和凯斯尔曼将网格定义为构筑在互联网上的一种新兴技术,它将高速互联网、高性能计算机、大型数据库、传感器、远程设备等融为一体,为科技人员和普通百姓提供更多的资源、功能和交互性(2004)。网格试图实现互联网中所有资源的全面连通,要把整个互联网整合成一台巨型计算机,以实现计算资源、存储资源、通信资源、软件资源、信息资源、知识资源的全面共享。可见,网格最初作为信息管理的重要工具,通过网格技术,实现信息的高度融合和共享。郑士源等人(2005)在对网格及其应用领域(如生物医药、航空、铁路运输、资源勘探、电子商务、金融、城市道路交通等)进行综述的基础上提出,可以将网格管理的思想方法应用到管理领域,尤其是用于当前的社区管理、公安巡逻和市场监管等方面。此后,网格化成为管理层和学术界越来越关注的重要范畴。阎耀军(2006)对城市网格化管理的特点进行了阐述,指出城市网格化管理是一种数字化城市管理模式,是在控制论基础上综合利用移动通信和网络地图等技术手段,以实现全方位、高效率的城市管理活动。具体而言,城市网格化管理是整合资源的有效手段,具有监控、反馈和督办功能,可以避免城市管理中的死角和盲点,它可以被视为一种事前预警性管理,是城市管理改革和管理现代化的一个方向,有利于实现市民与政府的快速互动。基于网格理念和技术越来越在城市管理(城区管理、工商管理、市容环卫、供水管理、城市服务热线等领域）中得到运用，陈云（2007）对网格化管理的定义进行了如下界定：网格化管理是指资源协同者应用网格理念（资源的整合、共享与协同）将各种资源有效配置（如划分成网、格等形式）整合形成集成资源，为资源需求者提供可透明地使用整个网络乃至整个社会资源的服务，最终达到整合组织资源、提高管理效率的一种管理模式。其中，资源整合是手段，资源共享是基础，在资源共享基础上的资源协同是提供服务的保证。至此，网格化管理成为城市管理的创新模式，在全国范围内得到迅速推广和运用，成为继单位制、街居制和社区制等基层社区管理方式的新型实践机制。

（二）网格化管理的理论基础及实践特征

尽管网格化管理最初受益于网络信息技术的启发，但随着网格化管理覆盖面的扩大，其日益囊括了城市基层管理的方方面面，导致管理层和学术界不得不从更深层次来看待和理解网格化管理的理论内涵及实践意义。

1. 科层制理论与网格化管理

几乎所有的现代政府都是建立在马克斯·韦伯式的官僚制组织基础之上的。这一组织的结构特征可以概括为由两个系统组成：一是由纵向的、以等级形式出现的命令指挥及执行系统；二是由横向的、以职能部门形式出现的分工协作系统。纵向命令系统和横向部门分工的组织结构在相当程度上产生了组织理性，使官僚制组织长期以来一直被视作达到社会经济和技术目标的最理想的结构形式。正是官僚制的优势建构了其弊端，原因在于：一方面，纵向的等级结构在保证指挥统一的同时，往往会造成下级缺乏主动性、创造性和想象力；它的命令服从系统在保证上级的命令指示得到贯彻的同时，也造成了下级的自我丧失，出现人的异化和行政伦理道德问题。另一方面，横向的部门结构在适应专业化的同时，也会因部门林立、职能交叉导致部门之间协调困难和运作不畅，从而影响其作用的发挥（竺乾威，2015）。尽管如此，它仍然是当前政府治理的主导性体制。目前，部分地方实行的市—区—街/镇—社区—网格五级管理体系，实质上体现了地方政府权威和行政权力向基层的延伸和下沉(孙柏瑛等,2015)。

2. 服务型政府与网格化管理

由于长期遵循官僚制结构形式,中国政治体制不仅面临着官僚制结构存在的一般性问题,还需面对中国特色的结构衍生的问题。传统的行政运作以政府为中心,强调政府是公共利益的唯一界定者,是公共政策的唯一决定者,同时也是公共服务的唯一提供者(竺乾威,2015)。这些特征导致传统的行政组织存在一系列困境,这呼唤政府进行改革。中国政府在2004年提出了服务型政府建设,并明确了服务型政府的四项职能,即经济调节、市场监管、社会管理和公共服务,突出体现了中国政府职能从以往注重经济建设转向社会管理和公共服务的重大转变。同时,服务型政府的提出也表明政府的管理模式要从管理走向治理。可见,政府组织结构是否合理,对于政府组织职能的有效实现具有重要影响。在此基础上,党的十八大报告在深化行政体制改革的基本目标与任务(深入推进政企分开、政事分开、政社分开,建设职能科学、结构优化、廉洁高效、人民满意的服务型政府)时,提出了“结构优化”的命题。结构优化意味着要对传统的、以政府为中心的管理格局进行调整,需要引入其他社会力量,协同参与社会管理。党的十八大报告指出,“加强社会建设,必须加快推进社会体制改革。要围绕构建中国特色社会主义社会管理体系,加快形成党委领导、政府负责、社会协同、公众参与、法治保障的社会管理体制”。服务型政府的理念进一步拓展了传统社会管理的思维,使政府职能转移(外包、委托或购买)成为行政组织结构优化的重要实践,也成为一些地方进行网格化管理实践的重要指引。

3. 无缝隙政府与网格化管理

为了应对官僚制组织的运作中因纵向的层级控制和横向的职能分工带来的层级过多、职能交叉、部门分割和管理的破碎化,并导致公共服务质量下降的多重困境,西方官僚制组织及其运作方式的再造(改革)构成了西方新公共管理改革的一个重要内容,其中,以“无缝隙政府”为特点的政府流程再造模式成为最有代表性的政府改革理念和实践。休斯(2000)指出:公共行政的僵死的、等级制的官僚制组织形式，如今正转变为公共管理的弹性的、以市场为基础的形式。这不仅仅是一种形式上的变革或管理风格的细微变化，而且是在政府的社会角色及政府与公民关系方面所进行的变革。可见，“无缝隙政府”不仅是管理形式和管理流程的改变，也是政府角色以及政府和公众关系的变革，这主要体现在它“以顾客为导向”和“以过程和结果为取向”两大特征上。变革后的无缝隙政府组织的特点在于，它以一种整体的而不是各自为政的方式提供服务（林登，2002）。这需要在不同部门、层级和职能之间进行全方位的打通。这种观念对网格化管理实践具有显著的影响，体现了政府组织再造的核心思想，即“对公共体制和公共组织进行根本性的转型，以大幅度提高组织效能、效率、适应性以及创新能力，并通过变革组织目标、组织激励、责任机制、权力结构以及组织文化等来完成这种转型过程”（奥斯本、普拉斯特里克，2002）。但在实践中，以顾客为导向，利用信息技术，将政府组织的层级、职能和部门全方位地打通，从而真正做到“纵向到底”和“横向到边”的无缝隙运作，存在不同程度的限制和困境。这也正是网格化管理试图突破和超越的重要方面，中国特色的网格化管理正是在上述新公共管理改革基础上探索形成的新型管理模式（竺乾威，2012）。

4. 整体性治理与网格化管理

随着新公共管理的式微和信息化时代的到来，原先强调分散化、竞争和激励的管理思维不再适应现实需求，这意味着新公共管理已经“寿终正寝”（邓利维，2006）。如何应对新公共管理出现的根本性困境呢？希尔斯等人（2002）提出了一种整体性治理理论，以此作为公共行政管理的理论基础。这一新的理论思想有如下观点：

（1）重新整合。整合是整体性治理的重要概念，重新整合是对新公共管理的修正，具体包括：进行逆部门化和整合、大部门式治理，重新政府化，恢复或重新加强中央过程，压缩行政成本，重塑一些具有公务支撑功能的服务提供链，集中采购和专业化，形成以“混合经济模式”为基础的共享服务，简化网络。整体性治理与新公共管理强调对企业过程管理的不同，把重点放在真正以公民为基础、以服务为基础、以需要为基础的组织建构上。

（2）整体性治理。其内容包括：以互动的方式进行需求和信息收集并有针对性地提供服务；以顾客为基础、以功能为基础进行组织重建，采取福利集中供给模式；通过一站式服务把分散的服务整合起来；运用数据库，使政府能够预测公民的需要和政策的风险；重塑从过程到结果的服务；灵活的政府过程；可持续性（竺乾威，2008）。这表明，整体性治理更注重政府与公民大众的互动，更注重公民的实际需求和福利供给资源的整合，更注重利用动态信息数据库对居民需求和政策变迁进行自我监测和评估，更注重服务和治理的全过程性和全周期性等优势。整体性治理已经成为公共管理的一种新范式，受到越来越多学者和政府的关注（胡象明、唐波勇，2010；胡佳，2009；高建华，2010）。目前，一些地方政府进行的网格化治理实践，一定程度上是借鉴整体性治理的理论思路进行的。但是，如何在实践中找到整体性治理的理论内核与网格化治理的内在机制间的联结，还需要理论上的升华与经验上的反思。

5. 政社团结与网格化管理

基于十年来网格化管理实践及其存在的困境，有学者指出，网格化管理亟待再次创新，以构建新型的城市社区管理体制。新一轮的网格化管理创新实践应该凸显"社会参与""居民自治""自主管理"及"政社互动"等特征，将营造"社会秩序"或"政社团结"等作为终极目标，以此彻底改变管理思维下的策略性应付状态。那么，何谓"政社团结"？它是指在政府干预下建构网格与团体融合的组织方式，并实现寓管理于服务的功能目标。这种组织方式背后体现的是社会秩序的生成机制，涂尔干的社会团结理论对此有深远意义。借鉴社会团结理论，网格化管理的创新实践在本质上是通过"物理网格"的划分与"外部干预"的推动来构建新型的政社团结秩序的，进而使机械团结与有机团结在空间重组结构下得以共存，其具体逻辑如下：一是网格化管理的空间约束与自我服务的压力催生集体意识，进而创造了机械团结秩序；二是网格化管理的空间限制使资源匮乏而需要外部主体的协作，这有助于形成以契约规范为原则的有机团结秩序。因此，政社合作成为网格化管理在机械团结限制下的自我拓展与模式创新，优势互补、契约规范就是异质性主体实现社会团结的联结机制。总之，政社团结的内在逻辑在于：在社会分化、诉求复杂及原子化社会等背景下，政府通过网格化管理的创新实践提高效率、解决合法性困境。空间重组之后的物理网格具有双重特征：一方面，狭小网格塑造了共同空间和集体意识，以此重建社区的机械团结；另一方面，狭小网格没有足够的资源与能力提供所有社区服务，因而不得不与外部建立基于分工协作基础的有机团结。这使网格化管理体系成为政社团结的有效载体，且使机械团结与有机团结在社区得以共存（杨宝、吴明海，2015）。这种政社团结式网格化管理体系在重庆市某社区得到运用和实践。

（三）网格化管理研究现状：进展与评述

对学界近年来有关网格化管理实践的研究进行梳理和反思性回顾尤为必要，可以使人对目前网格化管理实践的发展脉络、演进路向、经验成效及其生命力等方面进行全方位的把握。笔者从四个方面对以往研究成果进行评述。

1. 网格化管理的定位：一种新型的城市治理技术

网格化理念和技术首先在城市信息管理领域得到运用，并逐渐在城市各项管理中普及，尤其是在城市基层管理方面，网格化管理成为学界争相推崇的重要创新模式。文军（2012）指出，网格化社会管理模式实际上就是网格化管理手段和方法在社会管理领域的具体运用，它是一种新型的城市社会管理模式，最大的特点是利用信息化技术打破传统的城市管理部门和行政区划空间的界线，网格化管理具有发现及时、反应灵敏、处置有方、管理高效和服务到位等优势。田毅鹏等人指出，在单位制度走向消解以及快速城市化的背景下，政府城市管理的压力空前加大。面对压力，政府必须寻找新的方法和管理运行模式，以应对日趋复杂的城市管理难题，实现由“总体性支配”向“技术治理”的转变（渠敬东、周飞舟、应星，2009）。网格化管理正是作为城市治理的一种创新方法应运而生的，它成为城市社会治理的一种新型方法和技术(田毅鹏,2012)。

有学者将网格化管理视为一种新的管理范式,它是以信息化支撑网格化、以网格化追求精细化、以精细化实现人性化的管理模式,追求社会管理终端化、力量整合兼容化、诉求解决初始化、工作保障常态化。实现社会管理服务的常态化、人性化和基层社区管理的以人为本,也是一种纵向到底、横向到边的“纵横交错”式的治理模式,实质上是政府管理的下沉和基层群众自治的兴起,即由传统的、上下隔离的“板块式治理”向上下衔接的“网格化治理”模式转变(余华,2014)。孙柏瑛等人(2015)指出,网格化管理是国家在日益复杂化和不确定的治理环境中,在不触及原有行政管理体制改革的背景下,以数字化、信息化技术为支撑,致力于实现精细化和资源整合、联动的管理系统,是国家对基层治理结构的重建途径;它通过信息化平台进行权威整合与行政力量下沉,以实现社会管理为目标,是一种工具理性下的技术治理。可见,从总体上讲,以往研究一致认为,网格化管理是当前政府在应对治理复杂化和治理风险性背景下的策略性行动,是在现有行政管理体制不受影响的前提下实施的一项治理技术,其在形塑和改变基层国家与社会的结构性关系方面作用不明显。

2. 网格化管理的功能:在管理与服务中如何实现平衡?

有学者指出,网格化模式之所以为政府所推崇,主要是较之原有的城市基层管理体制,其在社区治理上表现出三个方面的优势功能:一是社会管理功能。网格化模式核心的特征,是社会管理的重心下移。网格化模式正是通过行政力的下沉使政权力量和社会个体在更微观的层面上实现了联结,个体更加明确地被纳入社区管理的轨道中,从而使社区治理的实际成效大大提高。二是信息传递功能。网格化模式可以看作数字信息技术嵌入科层化体制过程中引发的制度与技术互动的产物。网格化模式通过网格管理人员的定时巡视和排查,将社情民意信息由“被动接受”转变为“主动收集”,及时掌握第一手的社区动态,使信息的“收集—反馈”间隔时间大大缩短。三是社区服务功能。原有公共服务资源、职能下沉到街道一级,面对社区开展工作时，街道仍然沿用行政化手段，导致在服务供给过程中出现分工不明、效率低下、相互推卸责任等现象，而网格化管理是将公共服务的权责直接下沉到社区，在街道和社区之下建立了一个新的执行单元——网格，一定程度上有助于提高公共服务的供给效率（田毅鹏、薛文龙，2012）。有学者提出将网格化管理视为维护基层秩序的一种新探索、新手段（周连根，2013）。

许多地方进行网格化管理实践的出发点是为了回应基层管理中的风险性因素，因而网格化管理的核心定位就是一种控制和整合导向。尽管网格化管理中加入了信息服务和其他公共服务，但其运作方式仍然以行政科层化运作为主，管理与服务的功能难以平衡，或者说，网格化的服务功能仍处于依附性和边缘性地位。即使是在强调从管理向服务转型的“网格化管理、组团式服务”的舟山模式中，也暴露了许多影响管理和服务有效性的新问题，尤其是在未能充分动员社会自身的力量和彻底改变社会既定的组织化的形式与结构的情况下，现有的再组织化过程并不能充分保证基层社会管理创新的有效性与持续性（胡重明，2013）。因此，如何实现管理与服务的结构优化，涉及基层社会中的政社关系，这种关系应成为网格化管理有效发挥作用的根本前提。

3. 网格化管理的效应：创新抑或新的内卷化?

网格化管理是否如其所是地发挥着应有的功能？对于城市基层社会治理来说，网格化管理模式是否算得上一种创新？笔者通过对学者已有的观察和研究的梳理，来回答上述问题。例如，竺乾威（2012）指出，尽管网格化管理带来了一些效应，但是，其同样面临着一些难以回避的问题：

第一，通过建立网格服务团队实现了政府组织结构的“纵向到底”，但服务团队的身份是什么？这个服务团队是在街道、社区（居委会）之下开展工作的，那么，这个团队的身份应由政府建构，还是由志愿者组成？这就涉及网格化团队的合法性问题。

第二，官僚组织体系和网格化管理体系两个系统之间的问题。网格化管理使传统的官僚组织在从上到下的运作之外多了一种自下而上的运作，这种双向的运作在极大程度上方便政府满足民众需求，提供个性化、全方位服务的同时，也存在几个问题：一是自下而上的运作是通过非常设的领导机构来解决的，其可持续性如何？如果领导班子调整，将对这一运行方式造成影响。二是按照逐层解决问题的原则来说，如果问题能够在下一层得到解决，就会导致上一层的闲置。三是网格化管理常设机构办公室人员必须具有较强的专业能力，要能很快地判断来自下面的问题需要进入哪个职能部门，或者涉及哪些职能部门，以便迅速将问题提交到这些部门进行处理。四是办公室必须是一个权威机构，要能够在专项组之间进行协调，否则网格化管理难以有效落实（竺乾威，2012）。曾鹏等人（2014）也提出了网格化管理员的身份困境问题。

文军（2012）指出，网格化社会管理的实质是在不改变现有城市行政管理体制基础上的一种流程优化和再造。因此，在现有城市管理体制没有发生根本性变化的前提下，新的网格化社会管理模式会不可避免地存在一些与原有体制不适应的问题，同时新技术及新管理手段的应用也会带来一些新的问题，尤其是在发现问题、处理问题、考核与监督、法规与体制等四个层面存在不可忽视的问题。田毅鹏（2012）指出，网格化管理运用科层理念和全新的治理技术，在打造"数字城市"、创新社会管理体制以及城市管理服务规范化等方面发挥了特殊的作用，但这并不意味着网格化在日趋复杂的城市管理领域可以无条件地达到"一网就灵"的效果。

当前城市管理网格化模式尚未真正深度地嵌入城市基层社会，还存在如下问题：一是网格运行成本及其持久性问题；二是网格化运行与社区自治问题；三是网格的泛化或全能化问题。尤其是网格化模式在实践过程中对社区自治带来了严重的负面影响，例如，社区空间区隔化、社区治理科层化、社区运作行政化，以及社区管理的"麦当劳化"。网格化模式在基层治理中所展现出的优势，源于当前基层治理中政府所具备的行政优势及其在社区层面的展开，它通过细化管理单元的方式来实现全方位的社区治理。此种模式设计更类似于一种应急式的处理，多元主体参与的缺失和运行力的单一使其长于处理社区治理中表面的、规范性的、浅层次的问题，却短于处理复杂化、深层次的问题，难以形成一种长效机制（田毅鹏、薛文龙，2012）。孔娜娜（2015）也指出，网格化在实现了国家基层政权管理和提升国家治理绩效目标的同时，没有完成推动社会自组织治理的任务。孙柏瑛等人（2015）指出，网格化管理模式作为行政威权统合的产物，对基层社会治理结构与秩序的转型有着深刻的影响，它所具有的强烈的行政化属性，注定了它在运行中会存在官僚体制中不可抗力的内生性问题。在网格化管理模式走向规范化和精细化的同时，也造成了一定程度上的内卷化倾向，并由此导致了管理的悖论（杜赞奇，2010；何艳玲等，2005；崔效辉，2006）。例如，管理层级增加、管理功能泛化、管理问题程式化、自主空间被压缩，进而出现了一些新的碎片化状态（孙柏瑛、于扬铭，2015）。

杨宝等人（2015）指出，当前的网格化管理存在效率低下与合法性不足、维稳意识过重、社会参与不足等现象，导致了基层治理中的内卷化问题，进一步削弱了这套管理体系的合理性与正当性。陶振（2015）以上海市某社区网格化管理实践为例指出，网格化管理过于倚重单一的行政化力量和科层化管理思维，使得网格化管理自身存在标准化的科层管理与社区治理生态多样性的冲突、行政化治理与参与式治理的冲突、目标责任制管理与逆选择困境、条块的冲突，以及内整合困境等一系列的功能限制。刘安（2015）进一步指出，网格化管理会表现出“科层化”倾向和“压力型体制”的特征，导致了国家的“内部分化”以及国家与基层社会联结的“非均衡性”与“不稳定性”。

可见，诸多学者对目前网格化管理的实施效应有较为一致的看法，尽管网格化管理在一定程度上具有创新性，但从本质上讲，它是在原有体制中衍生出来的一种技术治理方式，其在实践中仍然面临一系列问题。

4. 网格化管理的优化路径：何以可能？何以可为？

针对当前网格化管理中存在的问题，不同学者试图提出相应的优化路径。例如，竺乾威（2012）指出，今后要考虑网格化管理与公民社会建设之间如何结合的问题，以提高基层的自治性管理，实现从政府管理到社会的自我管理;要注重政府管理社会与提供服务的方式的多样化问题,在市场化机制下,政府可以借助市场和社会的力量来提供公共服务,提升公共服务的竞争力,推动公共服务的市场化与社会化相结合;另外,网格化管理要在现有的信息技术使用基础上进一步凸显人文关怀,避免网格化管理的技术至上主义和技术理性主义,而要注重以人的权利为基本出发点,探索具有人性关怀的管理模式。

文军(2012)指出,要完善城市网格化社会管理,应当以社会前端管理为重点,充分整合现有的各类社会管理资源和管理力量,以推行人性化、多元化、精细化、智能化的城市社会管理为支撑,以建立网格化的责任机制为基础,建立集综合服务与综合管理为一体的城市社会管理工作新模式,实现从单一被动到多元联动的发展。田毅鹏(2012)指出,在新的历史时期,政府社会治理正在发生一些重要的改变,主要表现在:社会治理的主体由单一政府向多主体、多中心转变,社会治理的手段由平面社会向网络社会转变,社会治理的目的由工具理性向价值理性转变。因此,应以理性客观的态度来看待城市管理的网格化模式,处理好"网格管理"与"政府治理"以及"网格管理"与"社区自治"之间的关系,进一步寻找"政府社会治理"与"社区自治"之间的有效联结点,以调适"国家"与"民众"间的距离。如果来自政府派出人员的力量在网格中占据了主导地位,那么,网格管理所释放出来的力量主要是依托于政府的"行政力"。这必然会导致城市网格中行政力量的增长(行政力量的生产与再生产)和社会自治力量的萎缩。因此,如何努力增强网格中的"自治力",并使之与"行政力"相互融通匹配,便成为问题的关键。在城市基层社会管理体系中,来自政府的行政力量和自下而上的社区自治力量之间存在着内在的联结点——社区服务,它可以成为重构基层政府与社会关系的重要元素(田毅鹏、薛文龙,2012)。

孙柏瑛等人(2015)指出,要发挥网格化管理的优势,势必需要政府针对目前网格化管理的限制进行更深层次的管理体制改革:一是厘清基层政府管理职能边界,理顺职能关系,建立基层政府责权对称的管理体系。这是基层治理制度建设的基础。地方政府权力清单制度或许是优化当前网格化管理模式的重要实践（孙柏瑛、杨新沐，2014）。二是在社区促进社区协商民主及利益表达，以形成公共空间和社会共同体生活。基层治理的核心问题在于：应该发展居民利益表达和协商民主的结构，建立制度化的居民介入公共事务的通道以及多元立场对话、包容的空间，提升社会组织成长的能力（孙柏瑛、杜英歌，2013）。三是运用网格管理信息化平台和资源整合优势，发展基层公共服务的提供能力。只有网格管理的价值目标更多朝向公共服务，它才能集聚新的发展动力，服务于基层社会治理结构的重建（孙柏瑛、祁凡骅，2013）。这些观点希望从网格化模式的内在限制出发，思考网格化管理之于基层治理创新的优化之路。

从以上内容可以看出，学界对有关网格化管理的基本定位、网格化模式的功能定位、网格化模式的实践效应及其困境等都有一系列较丰富的论述，这些论述构成了当前网格化模式的重要知识基础。这些观点在针对网格化管理现状加以改善方面无疑具有重要启示，但是，我们很难从这些分散的建议中找到一条内在地相互联结的核心线索，作为网格管理与政府管理、政府与社会、网格管理与社区自治之间得以有效互构的根本逻辑。也就是说，上述研究并没有从更为根本的层面上思考：网格化管理之于基层治理而言意味着什么？网格化模式之于地方国家与基层社会的关系而言又意味着什么？要从根本上解决现有的网格化模式存在的问题，需要对上述根本性问题加以反思和探究。

三、研究问题

不少学者在以往对网格化模式进行研究的过程中形成了以下共识：一是网格化管理模式是在现有的行政科层体系中运作的，虽然在一定程度上实现了国家与个体的联结，却不能实现社区内部相关主体（及要素）之间的联结，本质上并未改变原有的组织化逻辑，即强国家、弱社会逻辑；二是多数研究基于当前自上而下进行的网格化管理实践，因而倾向于得出一种从原有的"（市）—区—街/镇—社区（居委会）"格局到"（市）—区—街/镇—社区（居委会）—网格"的管理体系，这种管理体系将导致基层社会治理的内卷化、行政权力的再生产及社区自治的式微。

基于上述两个方面的共识，我们进一步衍生出以下问题：一是政府行政管理与社区自治之间是否能够调和？实现这种调和与联结的根本机制是什么？二是按照中央以"网格化管理、社会化服务"为基层社会治理方向的要求，如何在网格化管理中凸显社会性？如何以社会化服务强化网格化管理的效应？如何实现现有网格化运作模式的创新？三是原有的既不属于体制内也不属于社区志愿者的网格员队伍的合法性问题如何破解？网格员的能力体系、网格员的激励制度，以及网格员队伍，如何朝向专业化、职业化方向迈进？

在实践中，深圳市Z街道较早进行了"一格三员"网格化管理实践，引入第三方劳务派遣的综合协管员担任网格协管员，并配备社区工作站专职成员作为网格管理员，由街道机关干部担任网格督导员，虽然在一定程度上促成了不同条块资源的整合，但这种运作方式存在着上述学者论述的普遍性困境。因此，要如何应对网格化管理实践中存在的内在制约？Z街道进行了新一轮的网格化管理改革，即从总体上尝试将社区网格化管理工作以政府购买服务的项目化方式打包给专业社会组织来承接实施，改变了传统网格化管理的行政科层式运作方式，逐渐探索政社分工与合作基础上的项目化、社会化实践模式。那么，我们要问：Z街道开展新一轮网格化管理改革创新的主要动力是什么？以政府购买服务、项目化运作为主要途径实施网格化管理，体现了基层社会治理的何种逻辑？即在基层社会，地方政府与社会之间坚持何种根本的逻辑以形成良性的互动与合作关系？支撑网格化模式中政社分工与合作的理论依据是什么？这种实践与此前的实践（乃至国内外网格化管理实践）之间有何异同？新型的网格化管理、社会化服务模式具有何种独特的社会效应？在当前全面深化改革的背景中，Z街道网格化管理探索面临的机遇和限制分别是什么？

四、研究方法

针对本章实际，笔者在研究过程中采用文献、理论、实证、比较与政策研究相结合的方法，以期从多维角度获得观察和思考Z街道网格化管理经验的有效素材。一是文献研究法。文献研究法是一种重要的资料收集方式，本章将借助这一方法系统梳理国内有关网格化管理的研究成果，以作为本章对话、批判和创新的重要文本。二是理论研究法。笔者将"网格化管理、社会化服务模式"视为一项重要的社会治理议题，基于以往相关理论观点，结合国内的现实语境，构建出具有创新性、符合本土特征的理论分析框架，为Z街道"网格化管理、社会化服务模式"提供理论依据。三是实证研究法。从Z街道的实际出发，借助访谈、座谈等方法收集相关实证材料，并对相关文本资料进行收集与分析，借助上述分析框架总结并提炼Z街道网格化管理工作的机制、成效、困境等。四是比较研究法。通过文献梳理与实证研究，进一步将Z街道与国内外网格化管理实践模式加以比较分析，以探究新时期网格化管理的创新及其优化路径。五是政策研究法。从政策倡导与政策创新的视角，就目前Z街道网格化管理工作存在的困境和问题，提出可能的路径选择和建议。

五、理论视角与分析框架

（一）理论视角

在前文的理论回溯中，现有的网格化管理模式的理论基础主要是：科层化理论、服务型政府理论、无缝隙政府理论、整体性治理理论及社会团结理论。如前所述，尽管这些理论在一定程度上能够对网格化管理模式予以一定的解释，但是，每一种理论都有其解释限度。科层化理论过于强调自上而下的行政权力关系，因而强化了网格化管理的行政层级和社区的行政化属性。服务型政府理论主要受到西方新公共服务理论、民主政治理论、公共行政理论、法治理论和治理理论的影响和形塑（刘熙瑞等，2004；施雪华，2010；

刘俊生，2004；侯玉兰，2005；李靖，2005），因缺乏与中国现实特征相符的价值基础而难以形成具有针对性的理论内核，其在指导网格化管理实践方面的价值取向不明显。无缝隙政府理论具有较强的新公共管理色彩，强调政府流程再造，但在实践中很难真正做到以居民为导向，难以利用信息技术将政府组织的层级、职能和部门全方位地打通。整体性治理视角虽然着眼于政府内部机构和部门的整体性运作，主张管理从分散走向集中，从部分走向整体，从破碎走向整合，但这种整体性仍然强调在现有体制前提下的运作，政府力量以外的其他力量仍未成为这种整体性治理的重要元素。如何将政府行政资源、社会资源、社区内在资源等纳入一种整体性框架之中加以整合运用，并构建符合实际的合作治理机制，或许是整体性治理进一步优化和完善的主要方向。社会团结理论强调以集体意识为核心的机械团结和以契约规范为核心的有机团结的联结，但是，基于这种因不同逻辑而生成的团结方式如何真正促成政社团结及其内在机理，进而实现社会秩序，是社会团结理论面临的最大困境。

以往理论更多地囿于对网格化管理之于国家治理的工具属性，即强调国家通过网格化实践来进行技术治理，这些理论背后更多地遵循着一种共同的逻辑：网格化管理的行政化以及国家治理的技术理性。这些理论的共同问题在于：既然强调国家（地方政府）对基层社会（社区）进行治理，那么，除了地方政府以外，其他相关主体也应该成为这一治理体系的有机组成部分，然而，当前的网格化理论和实践中对这个方面的忽视相当明显。同时，更为根本的问题是，以往的网格化实践总是被定位为国家进行基层治理的行动选择，通过行政权力下放实现对基层社会的整合，那么，基层社会或者社区对于国家（地方政府）而言，意味着什么？换言之，国家在进行基层治理的过程中，其核心指向是国家（政府）本位的，还是社会（社区）本位的？还是要在国家与社会之间进行结构性定位？长期以来，国家—社会关系范式在上述问题上形成了一种二元分化的分析范式，要么强调国家的绝对性支配地位，使社会需要依附和归属于政府；要么强调绝对的社会自治，使国家形成一种对社会的拒斥或者隐忧。这些观点对于推进网格化管理产生了明显的阻碍。

笔者认为，需要将基层社会或者社区重新纳入当前网格化管理的体系或架构中，重新思考基层社会或社区的本质属性及其在网格化体系中的结构性位置，以分析当前基层治理中网格化管理创新的运行机制和实践逻辑。纵观以往诸多理论存在的限度，笔者认为，嵌入性理论和治理理论在回应上述困境方面具有独特的优势①：

1. “嵌入性”：多主体之间的本质关系

在有关两个或多个相互关联事物之间的关系问题上，波兰尼的嵌入、脱嵌等理论思想为笔者提供了深刻的启发。波兰尼从“嵌入性”视角分析了市场与社会的关系（其实，还隐藏着国家的在场），因而形成两个核心命题：一是市场深深地嵌入社会关系之中；二是自发调节的市场（市场的脱嵌）势必会引发社会的自我保护运动（波兰尼，2007）。原本嵌入社会的市场，试图反过来让社会臣服于市场的现象（一种市场社会的形成），招致一系列社会后果（例如，劳动力、土地等被视为商品加以交换和买卖所带来的后果），这就是市场的脱嵌。可以明显地看到，在波兰尼的理论中，脱嵌现象的发生是有其根本前提的，即原本属于嵌入关系的两个主体（市场嵌入社会），由于某些特定原因而发生主体关系、结构颠倒的现象（市场脱嵌于社会）。笔者认为，在波兰尼那里，“嵌入性”规定了市场与社会之间的本质关系，这种关系强调市场对社会的从属特征，而非相反。本章并非要沿用波兰尼关于市场和社会、国家的“嵌入性”关系思想，而是试图回到嵌入、脱嵌等核心理论术语的原初含义上，进而用于解释其他类似的主体间的本质关系。

本章受到波兰尼有关市场与社会嵌入性关系思想的启发，认为社区与社会之间存在类似的“嵌入性”关系，这种嵌入性关系表明社区对社会的从属特征（社区嵌入社会），而非社区对社会的偏离（社区的脱嵌）。然而，实践中却正在发生这样的偏离，即社区并未按照社会的要求来运行，而是成为国

① 本部分内容主要引自徐选国：《嵌入性治理：城市社区治理机制创新的一个分析框架——基于对国家－社会关系范式的批判性反思》，《社会工作》2015年第5期。

家、地方政府（政权）进行基层社会管理的重要工具和治理单元（杨敏，2007），因而社区必须按照国家政权设定的规则进行运转，这是导致目前社区行政化/社区内卷化的主要原因。本章将从波兰尼思想中借鉴能够用于分析当下社区建设与社区治理的抽象理论视角，即将波兰尼关于"市场嵌入社会"的命题在当代中国社会现实中进行扩展和延伸，形成以下几个前后逻辑相承的命题：一是在本体论意义上，市场嵌入社会之中；二是在现实中，市场试图脱嵌于社会，因而造成一系列对社会的破坏及问题。相应地，借鉴波兰尼关于"反向保护运动"的命题，各种社会力量会不约而同地参与到对抗市场入侵的自我保护运动中来。

在本章中，笔者认为，针对脱嵌的社区及其带来的一系列问题，有必要通过国家制度建设、社会组织的积极行动，以及社区居民的广泛参与，形成一系列组织化行动与合力，来共同遏制这种日益"分化"的社区（社区的脱嵌）进程，进而将社区引向一种"嵌入社会"的本质属性上来。

可见，波兰尼的"嵌入性"思想从根本上规定了两个事物之间的内在本质关系，这是我们理解市场与社会，抑或社区与社会关系的根本前提，也是理解多元行动主体之间的合作治理得以可能的根本逻辑前提。但是，针对社会如何实现反向保护运动，波兰尼列举出两个层面的例子：一个是较为极端的法西斯主义和共产主义，这两种方式都被证明是对市场进行抵制从而对社会造成进一步毁坏的极端方式；另一个是波兰尼倡导的、以北欧社会民主主义及美国罗斯福新政为标志的福利国家制度和实践，表明了国家制度建设和立法是社会反向保护运动的重要手段。可见，波兰尼对于"社会反向保护运动"的策略和方式是非常抽象和极端的案例，其有关社会民主主义的制度实践也主要是从较为宏观的国家层面来论述其积极的社会保护运动的；具体到微观层面的社会行动，波兰尼则缺乏关注和论述。笔者将这种"反向保护运动"定位在以社区为场域和空间的基础上，将不同相关利益主体联结起来，以遏制社区的继续"脱嵌化"过程及其造成的后果，并通过共同行动，实现社区的再嵌入。而在这方面，波兰尼并未给我们太多指引，他关于社会反向保护运动的主体论述带有笼统性，他认为，就连资本家都会因为市场带来的侵蚀而反过来遏制市场的肆意行为。因此，在他那里，参与社会反向保护运动的主体包括一切国家部门、资本家、地主、工人阶级，甚至一些全球性的组织。在部分学者看来，波兰尼关于社会反向保护运动的主体与动力主要是国家的保护性立法及其对经济的各种干预措施（王绍光，2007），还有学者在此基础上进一步强调这种反向运动是由上层发动的，是在“精英层面展开的”，即“由精英驱动的波兰尼式过程”（董晓媛等，2009）。

笔者将参与社区建设过程中的主体定位于地方政府（代表国家权力）、类政府（行政权力在社区的代理人）、专业社会组织、社区自组织以及社区大众等主体。但更为重要的是，这些行动主体是如何联结起来共同行动的？他们得以共同行动的基础和实践机制是什么？这些不同行动者之间是如何互动的？在这些方面，波兰尼的理论只是从本体论角度为我们提供了分析社区本质意涵的启示，即社区本质上是嵌入社会的，但是，波兰尼的理论是抽象的、难以操作化的，其理论难以提供对于现实问题的具体解释路径（布洛维，2010）。因此，笔者必须进一步借助具有较强中观和微观特征的具体理论视角。有关治理理论的分析路径为上述实践困境提供了新的可能，即它在波兰尼嵌入观（本体论意义）的基础上，为我们分析多元行动主体合作行动提供了微观解释路径（方法论路径）。

2. 治理理论：多主体之间的互动逻辑

“治理”作为一个实践和学术概念，自二十世纪九十年代以来，受到国际组织和学术界的关注，截至目前，虽然各界对“治理”的内涵尚未形成共识，但在一些较为核心的方面却有相似的观点（徐选国等，2014）。其一，在治理主体上，它超越了企业治理的局限，也突破了一国治理的范围，是存在着一个由来自不同领域、不同层级的公私行为主体（如个人、组织，公私机构，国家、超国家，权力机关、非权力机构，社会、市场、国家等）、力量和运动构成的复杂网络结构。其二，在治理基础上，它超越了国家权力中心论：在对内关系上，国家已不再享有唯一的、独占性的统治权威，国家虽然发挥着主要作用，但必须和其他行为主体合作；在对外关系上，国家主权或自主性观念也逐渐受到各类超国家体制概念（如联合国、世界银行等）的挑战并受到削弱。其三，在治理方式上，既实行正式的强制管理，又有行为主体之间的民主协商、谈判和妥协；既遵循正式的法规制度，但有时具有共同利益的非正式措施、约束也同样发挥作用。其四，在治理目的上，各行为主体在互信、互利、相互依存的基础上进行持续不断的协调谈判，参与合作，求同存异，化解冲突与矛盾，以维持社会秩序，在满足各参与行为主体利益的同时，最终实现社会发展和公共利益的最大化。

在此基础上，笔者尝试从治理理念、治理主体、治理结构、治理方式和治理内容五个方面，建构一种有助于改善目前社区建设和社区治理实践逻辑的治理框架。笔者认为，所谓社区治理，是指政府、企业、事业单位、社区、社会组织、社会大众等多元行动主体，坚持共同参与、合作治理的理念，不断探索和形成政社分工与合作、政企分开、社企合作等治理结构和治理模式，共同推进社会事业改革创新和社区治理体制创新，促进社区公平正义与和谐社区建设。这一模式的创新之处在于它超越了原有的以政府为单一主体、其他主体相对缺席和被动参与的社区管理机制。将社区治理创新内涵注入社区建设实践中，是对社区服务实践和体制的重要创新，主要体现在：在治理理念上，强调社区建设的人本性、参与性和平等合作；在治理主体上，强调社区建设和社区服务的多主体性、互动性和积极对话；在治理结构上，强调社区建设的"政—企—社"多元联动机制；在治理方式上，强调社区建设的政社合作、社企合作与社社合作体制；在治理内容上，强调社区建设的政策指向、组织载体和服务内容的创新（徐选国等，2014）。

上述治理理论在解释当下的现实问题时，仍然存在一些限度，有学者就治理理论对中国的适用性问题进行了分析（王诗宗，2009；郁建兴、王诗宗，2010；李泉，2014）。由于治理理论是在西方特定社会历史条件背景下形成的，该理论得以形成需要一系列条件，其中，最根本的是需要具备从统治、管理走向服务、治理的理念（麻宝斌、任晓春，2011；杨敏、杨玉宏，2013；黄建军，2014；戚学祥、钟红，2014），需要有多元主体共同参与的组织化行动者，需要形成各种治理结构以应对各种各样的问题。虽然治理理论强调了多元行动主体的互动与合作，但这主要是对于具有浓厚民主积淀的实践而言的，在不具备上述条件下大谈社区治理的合作共治，难免缺乏特定的要件。另外，治理理论注重对行为主体不同行动策略的关注，却缺乏对不同行动主体之间的合作与排斥、联结与张力等行动机制的深刻分析，即不同行动主体之间何以会产生联结、合作抑或排斥、冲突等互动？这需要从根本上回答不同主体间的本质关系问题。因此，从这个意义上讲，波兰尼“嵌入性”思想为我们分析社区与社会、国家等主体之间的关系奠定了根本前提。正是在这个意义上，“嵌入性”思想与治理理论的有效结合，可以为我们分析当前社区治理和社区体制改革提供一种新型的分析框架。

（二）分析框架：嵌入性治理

在上述理论分析基础上，笔者提出嵌入性治理这一分析视角，用以分析当前社区治理实践中多主体得以合作行动的基本理论依据，尤其是用于分析地方政府通过网格化管理进行基层治理的内在动因和行动逻辑。“嵌入性”是一种具有本体论含义的观点，强调了嵌入主体双方的本质关系，即“A嵌入B”是形塑A与B之间的根本逻辑；如果反过来出现“B嵌入A”，则颠覆了A与B之间的内在本质关系，必然会引发一系列不良后果。笔者从“嵌入性”视角中找到了解释国家（地方政府）、社区各种力量、专业社会组织和社区大众在社区空间中的合作治理机制，正是“社区嵌入社会”成为多元行动主体相互联系、合作行动的根本逻辑，在推动“社区再嵌入社会”的过程中，不同行动者之间的行动是嵌入在社区的“文化网络”（杜赞奇，2010）或社区规范、社区情境之中的。这种文化网络，或者社区规范、社区情境，就是社区所具有的内在社会属性，即它们构成社区的本质属性。这实现了本体论层次的嵌入性与方法论层次的治理之间的联结与相互作用机制。

嵌入性治理仅为我们分析社区治理的多主体合作（在一些地方进行的网格化实践中，这种合作治理特征较为显著，那么，这种合作背后的深层机理是什么?)提供了基本的视角,那么,支撑这一理论视角的核心命题是什么?结合前述对波兰尼"嵌入性"思想和治理理论的借鉴,笔者建构了如下三个理论命题:

第一个命题:社区嵌入社会。从本体论意义上规定了社区与社会之间的内在关系,进一步明确了社区、社会、国家、市场等主体之间的边界,即社区属于社会的范畴,而不是国家或市场的范畴,唯此,才能彰显社区的本质属性。

第二个命题:社区的脱嵌。从实践性特征揭示了当前社区建设中出现的困境,即社区建设内卷化、社区行政化日益明显,彰显了社区本质的异化,从根本上讲,是由于社区脱嵌于社会的逻辑后果。需要指出的是,这里并非社区主动脱嵌于社会,而是由于国家政权的干预、市场的入侵,将原本属于社会的社区拖离了轨道所形成的。

第三个命题:社区的再嵌入。从方法论上重构了社区与社会之间的本质关系,但这一重构有别于传统实践的行动路径。如何实现社区再嵌入,也就是如何回归社区本质,使社区建设按照"如其所是"的样子发展,实现社区建设的名实相符。

根据嵌入性治理的视角及其三个基本命题,笔者形成如图 2 所示的分析框架,以展示现实中多元主体之间的合作治理机制、行动逻辑及其治理效应。

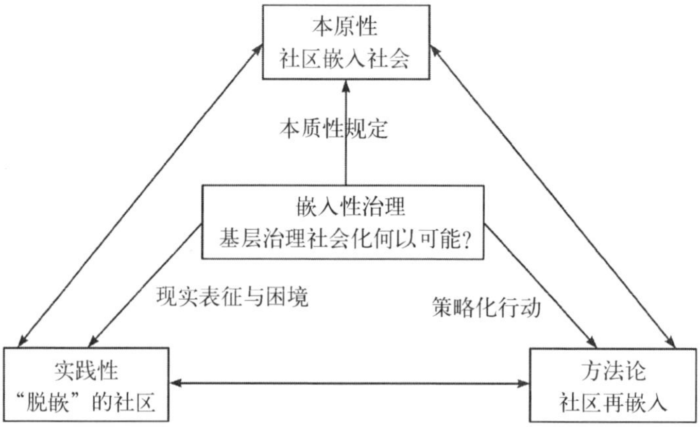

图 2　嵌入性治理视角下基层治理的社会化逻辑框架图

笔者主要从三个维度对社区治理实践中的合作行动进行分析。其一，在本原性层次上，提出了“社区嵌入社会”的命题，试图回答当前国家（地方政府）转移职能、向社会力量购买服务，多元行动主体得以合作互动，以共同推进社区建设、进行社区治理的内在依据和根本原则，即社区应从属于社会，而非从属于国家（或政府）。其二，在实践性层次上，揭示了“社区脱嵌于社会”的生成机制及其表征，回答了国家与相关主体合力进行社区体制改革、推进社区建设的现实诉求，即要走出这种脱嵌的社区及其带来的社区建设内卷化或异化困境。其三，在方法论层次上，建构了“社区‘再嵌入’社会”的根本机制，回答了多元行动主体得以合作治理、构建社区治理共同体的实践逻辑，即通过“让社区回归社会”的理念指引和实践路径，通过社区党建和社区自治的组织化机制，以及社区服务和社区管理的项目化机制来推进社区建设的实践逻辑，以重构社区与社会的本质关系。

第二节　国内网格化管理的经验模式及反思

笔者在分析Z街道网格化管理和服务模式的同时，对国内有代表性的网格化管理经验进行考察，以呈现这些实践及其经验的生成机制和特征，旨在为Z街道进行网格化治理创新提供可供参考与对话的范例。

一、北京市东城区：“万米单元网格”模式

2004年，北京市东城区提出了一种新的数字化城市管理模式——网格化管理，即借助信息技术和社会力量，尝试打通不同政府层级、职能部门之间的关系，成为继“无缝隙政府”模式后政府管理流程的一个重大变革和突破（竺乾威，2012）。它经历了一个从着眼于管理走向管理和服务并重的过程，通过网格进行全方位的管理和提供公共服务，以此提高政府公共服务的质量。网格化管理首先运用网格地图技术将某一地理管辖区域划分成若干

网格单元，作为最小的管理和服务单位（网格在某种程度上也可以说是"纵向到底"）。比如北京市东城区最先以1万平方米为网格单位，将整个城区划分为1 539个互相联结的网格单元，配备350名城市管理监督员。监督员的职责是对其管辖的网格内的城市部件进行监控。所谓城市部件，指的是市政公用、道路交通、市容环卫、园林绿化、房屋土地等相关设施。这些设施被逐一登记编码，比如东城区的每一部件按"市辖区代码—大类代码—小类代码—部件名称—归属部门—问题位置—所在网格号"编码，并被纳入地理空间数据库，"从而在21个行政执法部门，6个政府职能部门和10个街道的保洁队、绿化队之间实现信息共享"（杨宏山、齐建宗，2009）。网格管理员通常只是发现问题，而没有能力解决他发现的所有问题，因此，他需要有团队支持。支持团队也需要后台，这些后台就是一个个专业部门。一个服务团队可以发现很多问题，但它不能马上同时解决所有问题，一些问题需要背后的职能部门来解决。那么，如何以最快的速度将信息传递到有关部门，使有关部门迅速作出反应？这里显然需要进行组织结构的改造，从而在实现职能全打通的同时打通部门和层级。北京市东城区的设计是在网格上建立两个平行的结构，也就是城市管理监督评价中心和城市管理指挥中心。这样，就构成了只有两个层级的组织结构，完成了"纵向到底"。网格监管员通过城市通信系统，将情况报告给这两个中心，然后由指挥中心调度综合执法力量到达网格的部件位置解决问题。在这个过程中，监督评价中心根据网格监管员的反馈，对指挥中心的运作进行监督，在任何一个网格内发生的事都可以通过两个中心迅速找到相关的职能部门（如图3所示）。中心这一平台能够触及所有的职能部门，不同职能部门之间的协调在这个平台上得以完成。

北京市东城区的网格化管理只是对事的管理，一般只具备静态和机械的特征，尽管网格化的管理在管理的精细化和高效率方面已经大大地跨出了一步。当把网格化管理用于对人的管理和提供公共服务时，怎样做到职能和部门"横向到边"的同时层级"纵向到底"呢？这里进行的流程改造首先必须考虑现有的政府管理状况和政府的组织结构。

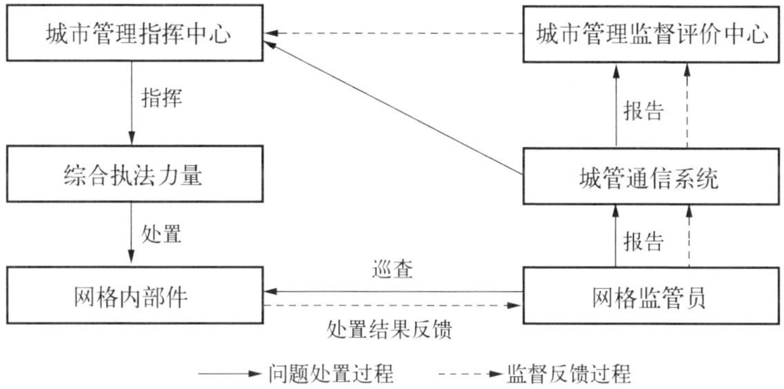

图3　北京市东城区网格化管理的组织结构

资料来源：转引自高恩新(2011)。

二、浙江省舟山市:"网格化管理、组团式服务"模式

2008年，舟山市在北京市东城区网格化管理的基础上，增加了"组团式服务"，其主要理念是"网格化定位、组团式联系、多元化服务、信息化管理、全方位覆盖、常态化保障"，在设计中，它遵循"以公众为中心"的理念，在网格内建立一个服务小组，称之为"网格化管理、组团式服务"(竺乾威，2012)。"网格化管理、组团式服务"的核心工作是以"为民、惠民、便民"为宗旨，以"网罗民声、了解民情、化解民忧"为手段，以"得人心、暖人心、稳人心"为目标，最大限度地整合资源，全面、及时地回应群众需求，解决基层群众的各种实际问题，做好群众的各方面工作。网格团队与每个网格的所有群众(户)一一联系对应，每年至少要进行4次走访，并通过多种方式及时收集自己"责任区域"内的建议，处理存在的问题，主动帮助协调解决群众反映的问题和困难。舟山全市被划成2 428个网格(渔、农村一般100～150户组成一个网格，城市社区适当扩大范围)，每个网格配备6～8人的服务团队。网格团队"走村入户全到位、联系方式全公开、反映渠道全畅通、服务管理全覆盖"，确保"每一寸土地都有人管，每一项任务都有人落实"，从而在组织体系上解决了基层管理与服务中的"主体缺位"和"管理真空"问题(张兵，2011)。但是，

服务团队并不能解决网格内的所有问题,它也需要后台支持。如果说网格是网格化管理的第一个层次的话,那么舟山市在网格一级上面还建立了4个层级,依次为社区(居委会或村委会)级、镇街级、区县级、市级,构成了包含5个层级的管理系统(如图4所示)。其运作原则是:凡下一级能解决的问题,就由该级解决;无法解决的,由上一级解决。在最高一级,也就是市一级,建立了"网格化管理、组团式服务"工作领导小组,由市委书记或市长任组长。领导小组下设办公室,统领5个专项组,包括:综治平安组,由市委政法委负责;团队管理组,由市委组织部负责;城区工作组,由市民政局负责;渔农村工作组,由市渔农办负责;技术保障组,由市信息中心负责。

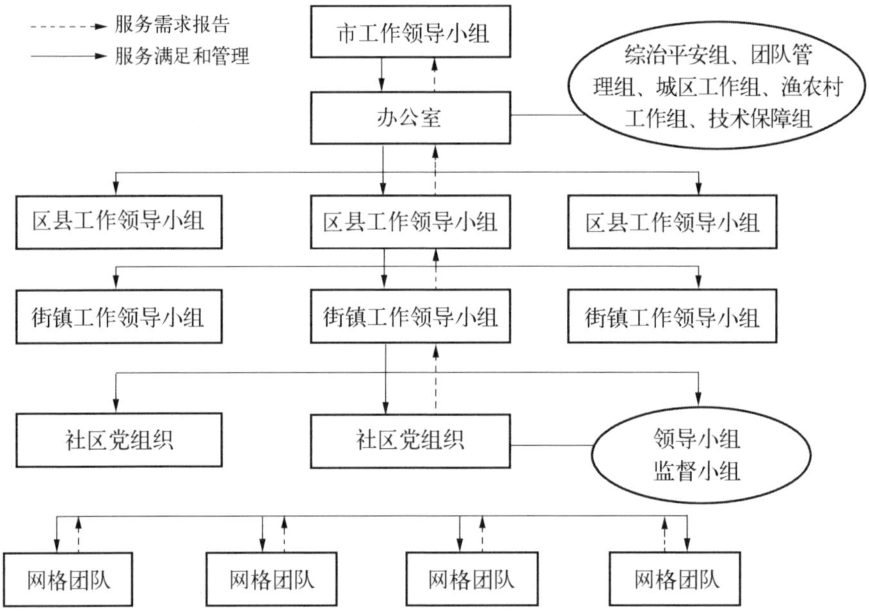

图4 舟山市"网格化管理、组团式服务"的组织结构

资料来源:转引自竺乾威(2012)。

这个层级结构通过网格直接联结服务对象,使它的触角延伸到了最底层,做到了"纵向到底",从而在组织体系上解决了基层管理与服务中"主体缺位"和"管理真空"问题。在原有的中国城市组织结构中,这一结构从严格意义上讲最底层是街道，但街道又有所延伸，下沉到社区居委会，尽管如此，我们并未看到它们与服务对象的有效联结，因为受到了社区居委会的管辖空间以及自身状况的限制。因此，它也是一种自上而下的、以官僚化为中心的组织结构设计。而舟山市的网格化管理结构既可理解为自上而下的设计，也可以理解为自下而上的设计，因为最底层的网格团队担负着向网格内公众提供服务，或在无法解决网格内问题的情况下向上反映情况的使命。在现实管理中，这两者实现了双向互动，弥补了原有自上而下结构的不足。

这一结构同时在横向上把职能和部门打通，做到了"横向到边"。服务团队如不能解决问题，就由上一层级来解决，每一级都有类似的平台，使问题和需求可以很快被传递到相关的职能部门。这种做法实现了政府管理服务由以往的条状、单向朝块状、点面结合的转变。使这一全贯通的管理和服务得以成功的一个途径是运用好信息技术。舟山市开发了一个综合性、集成式、共享性的"网格化管理、组团式服务"信息管理系统。该系统由基础数据、服务办事、短信互动、工作交流、民情日志和系统管理六个模块组成，具有数据查询统计、信息互动、工作交流和网上办事等功能。

在部门、职能、层级之间全方位打通以后通过什么运行机制来保证整个管理系统有效地工作？这是在新的流程再造中必须考虑的问题。没有运行机制，网格化治理就难以发挥系统特定的功能和作用。以舟山市的"网格化管理、组团式服务"系统为例，其主要通过八项机制（如图 5 所示）来保证系统的运行：一是责任包干机制；二是民意表达机制；三是民情研判机制；四是民主决策机制；五是分层解决机制；六是信息共享机制；七是考核激励机制；八是组织协调机制。

总体来看，舟山市从三个层面建立起组织协调机制：一是建立从市到网格的五级对应组织体系；二是明确要求各县（区）、各部门、各乡镇（街道）以网格化治理为统领，将条条块块各项管理服务工作有机地整合到网格化治理体系中，强化条块协同，整合公共管理服务资源，使有限的公共资源发挥

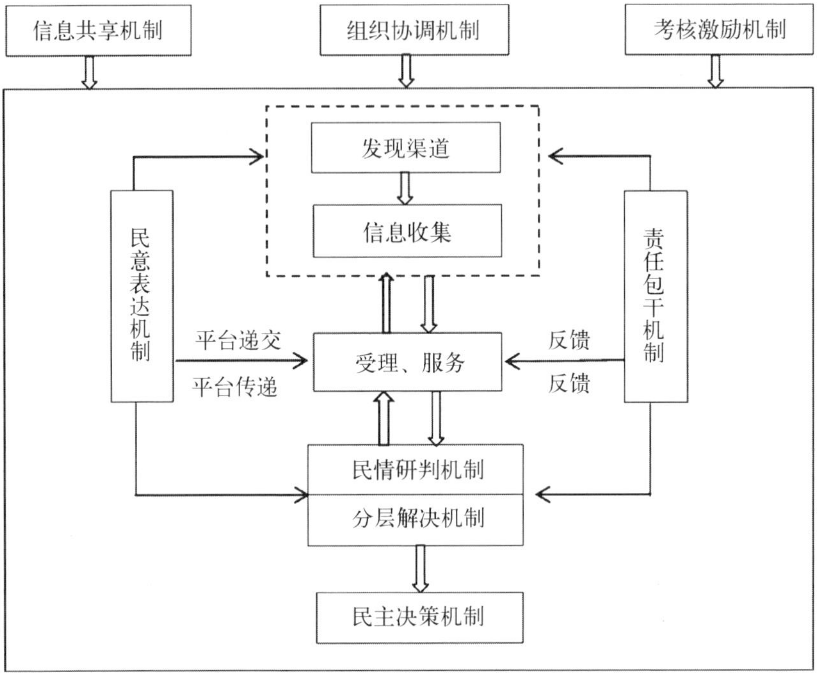

图 5　舟山市“网格化管理、组团式服务”的组织协调机制

资料来源:转引自竺乾威(2012)。

最大效能;三是在全市建立统一的问题协调解决机制,形成综合管理服务体系,切实解决群众反映的各种问题。

三、湖北省宜昌市:“一本三化”模式

2011 年,宜昌市按照“街巷定界、规模适度、无缝覆盖、动态调整”的原则,把城区内的 121 个社区划分为 1 110 个网格,每个网格涵盖约 300 户居民,每个网格配备一名网格管理员,构建起市、区、街道、社区、网格五级管理体系(郑泽金、张国祥,2014)。通过建设数字网格和电子地图,推动各类社会服务资源在网格上聚集整合,构建以网格化管理为基础的全方位、动态式、便捷高效的社会服务管理体系。社区网格管理员主要负责公安、综治、人社、民政、计生、城管、食品安全七项事务的信息采集和综合服务,通过社

会服务进小区、进楼栋、进家庭，实现城区网格化管理服务全覆盖。1个统一的网格平台，34个部门，267个单位，121个社区，1 110个网格，1 110名网格员……100多万人口的宜昌城区，繁杂庞大的社会管理事务，都汇集于网格管理模式中，形成了独具宜昌特色的"一本三化"(以人为本、服务为先，网格化管理、信息化支撑、全程化服务)网格化模式。

自2012年起，宜昌市网格化管理开始拓展，基本方向有两个：一是领域拓展，二是地域拓展。领域拓展方面包括：实施"法务网格工程"，建立民族宗教事务网格化管理信息系统，实施"网格促廉"工程，建设宜昌市总工会参与社会服务管理创新网络平台。地域拓展方面包括：扩大城市(镇)网格化管理覆盖面；统筹城乡，试点农村网格化管理。总体上讲，宜昌市拓展网格化管理的基本经验是：党政合力共同拓展网格化管理领域，工会发力填补社会协同短板，城乡一体扩大网格化管理空间。还有学者将宜昌市网格化管理的特征概括为：以数字网络为平台，创新政务信息管理制度；以劳动合同为基础，创新社区网格管理员人事管理制度；以社会调解为主导，创新社会矛盾联动化解制度；以分配正义为先导，创新特定人群服务制度；以法治系统为载体，创新法务网格工程制度；以社会安全为价值导向，创新治安防控法律制度(汪习根、钱侃侃，2013)。尽管如此，宜昌市的网格化管理仍存在一些问题：人员信息不全，许多人游离于网格化管理服务之外；网格化管理的规范化程度不够，网格员"执法"得不到法律条文的支持；网格管理服务面偏窄，社会参与偏少等。

四、网格化管理的经验及其反思

国内网格化管理的实践与国外的"无缝隙政府"流程再造在理念和做法上有一脉相承之处，但是前者对后者也有一些超越之处，主要体现在：流程的再造跨越了政府机构本身，也就是通过社会组织和力量将政府机构的触角延伸到最基层的服务对象，这为根据公众的需求提供个性化的服务提供了可能；网格的结构形式为一种精细化的管理提供了基础，也为全方位的服务提供了平台,它使得在一个大的区域范围内提供无缝隙的服务成为可能;北京市东城区、浙江省舟山市和湖北省宜昌市根据自身情况开发的信息通信技术为网格的运作提供了有效而坚实的支撑,这是在较大区域范围内进行有效管理和提供全方位服务的一个不可缺少的条件。

尽管国内网格化管理已经取得了一些积极的成效,并在基层治理方面发挥着显著的作用,然而,纵观国内现有的网格化管理实践,仍存在一些问题。

1. 网格化管理在基层治理中的结构定位不清晰

现有的实践以及学界的研究倾向于将网格化管理视为国家权威和行政权力下沉的重要行动方式,试图以此提高政府公共服务质量,提高其服务水平。但是,在“以行政权力为本位”的科层官僚体制未发生变化的前提下,这种网格化管理的服务导向如何实现?我们很难想象行政本位下的网格化管理能够较好地容纳政府的服务型功能。因此,在网格化管理的本质定位未能得到重构的前提下,管理与服务之间的结构性矛盾仍然难以调和。那么,网格化管理所指为何?网格化管理在基层治理中的结构性位置与功能是怎样的?这需要从理论上进一步思考网格化管理的本质问题。

2. 网格化管理仍然凸显“强政府、弱社会”逻辑

无论是北京市东城区的一万平方米单元网格,还是浙江省舟山全市层面的网格体系,抑或湖北省宜昌市的“一本三化”模式,其共同之处在于:网格化管理采用的依然是政府的行政化实践逻辑,其更加体现了网格化管理是政府行政体制改革及其相关需求彰显下的行政后果,而非源自底层社区需求和社区发展实际,因此,在并未有效强调网格化管理的社会化逻辑前提下,网格的建构容易导致社区行政化层级的增多。例如,会造成原有的“两级政府、三级管理、四级网络”因网格化管理的科层化实践逻辑而导致“五级体系”的生成。北京市东城区、湖北省宜昌市等地的网格化实践已经暴露出政府行政化有余而社会化不足的问题。作为基层治理的最小单元,网格化如何凸显社会性,是未来网格化创新的本质要求。

3. 网格化管理的运行机制受阻

网格化管理与信息化技术的结合，是促进基层治理的有效手段。但是，即使是像舟山市等地区探索形成的以市级领导小组统筹的网格化管理机制，也会因为不同部门之间的分化而受到限制。因此，真正的“纵向到底”何以可能？另外，尽管一些地方将服务纳入网格化管理之中，强调服务的重要性，但是，在传统的全能型政府体制得到有效改革之前，所谓的服务仍然是由政府行政体系内的力量来做，那么，这种服务的社会性如何得到保证？在近年的社会治理实践中，社会组织已被公认为协同参与社会治理的重要力量。然而现实中，在社会组织发展尚不成熟、社会组织能力尚弱的前提下，如何实现网格化管理的“横向到边”？即如何在基层治理中实现地方政府与基层社会的有效联动与协同治理，是现行网格化实践普遍面临的机制性困境。

第三节 Z街道网格化管理初探：渊源、实践及其检视

2010年年初以来，根据Z街道网格化实践的演化过程，笔者将其划分为两个重要阶段：一是网格化管理初探阶段，二是网格化管理变革阶段。其中，初探阶段始于2010年1月，通过实施“一格三员”网格化工作模式，试图探索社区管理的新路径，将11个社区划分为85个网格。在前期实践的基础上，2013年以后，重新对街道网格进行划分，将11个社区划分为104个网格，并逐渐交由社会服务机构来运营，旨在通过构建合法性机制实现由街道自主运营到委托专业社会服务机构承接实施的转变，开启了以网格化管理、社会化服务为方向的基层治理创新路向。笔者接下来将分别对Z街道网格化管理两个阶段各自的发生机制、实践特征及其效应等方面进行概述和分析。

一、网格化管理从何而来？渊源及其动力机制

Z街道于2010年1月正式拉开了"一格三员"网格化管理实践，这与街道党工委书记的治理思想不无相关。在2009年调入Z街道担任书记之前，H书记已在蛇口街道进行了网格化管理的实践，并初步形成了一套网格化管理实施体系。因此，他在到任Z街道书记后半年多的时间里，就启动了网格化管理实践。如果说网格化管理在Z街道的试行与H书记的到任有直接关联的话，那么，Z街道引入并推广网格化管理的内在动力是什么呢？换言之，基于基层治理中的哪些现实因素，催生了以党工委书记为核心的网格化管理助推力量？结合对Z街道网格化管理实践的调研，尤其是与街道相关核心成员的多次交流与访谈，笔者将Z街道进行网格化管理的内在缘由和动力机制概括为基层治理方式转变、治理结构优化、治理资源整合及治理机制创新等方面。

（一）基层工作的挑战剧增，呼唤治理方式的转变

作为改革开放的前沿阵地，Z街道的社会经济发展始终走在全国前列，其在现代化进程中所经历的各个方面的现象和问题也处于前列，因此，改革创新始终是Z街道加强治理的重要主题。然而，领衔社会经济改革之风的Z街道，较早地遇到了社会急剧转型所带来的问题，即矛盾问题多发、利益冲突升温、社区权利意识觉醒，传统的工作模式已经难以适应新的时代形势，因此，如何创新基层治理方式，以应对日益增多的基层工作挑战，就成为Z街道党工委面临的核心要务。党的十七大报告指出，"要健全党委领导、政府负责、社会协同、公众参与的社会管理格局，健全基层社会管理体制。最大限度激发社会创造活力，最大限度增加和谐因素，最大限度减少不和谐因素"。其中，如何最大限度地减少不和谐因素成为H书记一直思考和致力于探究的问题。那么，如何减少不和谐因素呢？在H书记看来，网格化是首要之选。网格化是基层社会问题和风险因素排查的有效方式，通过问题的发现与排查，构成了整个基层工作的基础性环节。网格化管理成为H书记到

任Z街道党工委书记之后，应对Z街道基层治理困境的首要之举，也是对传统压力型管理体制的一种创新。

（二）条块分割的体制之痛，亟待治理结构的优化

在网格化实践之前，长期以来形成的条块分割现象，阻碍了基层治理体系的现代化和治理能力的提升。网格化管理的推行，在很大程度上是为了规避或者直面传统的部门分化与条块分割局面。原因在于，在传统的科层化体制下，条线工作从市、区直接延伸至街道和社区，形成了“两级政府、三级管理、四级网络”的基层社区管理体制，从市级层面对应的职能“一竿子到底”，其行政化触角直接到达社区层面，因此，形成了“上面千条线、下面一根针”的格局，大量工作积压在基层；从反方向来看，基层社区层面如何面对如此众多的行政化任务呢？基层政府在执行国家政策或上级指令过程中的一个普遍现象是，上级对下级工作进行频繁的“检查”或“考核”，而下级政府采取各种手段、策略来应对（艾云，2011）。在有限的人力、有限的资源和有限的制度保障前提下，社区更多地采取“选择性应付”的策略（杨爱平、余雁鸿，2012），以适应上级政府的条线束缚。而在块的方面，因为没有相应的联动机制，条块难以有效互动。Z街道同样面临上述条块分割之痛，基于此，亟待萌生出一种试图解构现有体制困境、实现社区治理结构优化的新机制。在Z街道党工委H书记看来，网格化就是破解传统体制分割与分化的重要机制。“一格三员”网格化结构由网格管理员、网格协管员和网格督导员构成：网格管理员是指社区工作站的专职成员，与街道相关职能科室形成上下联动的形式；网格协管员是指街道通过劳务派遣公司招聘的综合协管员，他们负责协助网格管理员开展网格工作，经常与网格管理员同时上门采集信息、化解矛盾和纠纷等；网格督导员是指街道机关干部，他们负责对网格管理员和协管员开展的网格化工作进行指导和问询。“一格三员”网格化模式的推行，一定程度上促进了社区原有治理结构的互动。在Z街道H书记看来，网格化就是要实现基层条块的结合，由块来发现问题、由条来解决问题，做到条块联动。

(三)基层治理的碎片困境,助推治理资源的整合

与社区行政体制分割、结构分化密切相关的是,由于条块分割、基层治理主体之间形成了明显的利益分化,导致基层治理的碎片化困境(李强、葛天任,2013)。所谓基层治理碎片化,指的是在基层治理过程中由于难以形成共识,缺乏整合不同利益群体诉求的体制机制,导致传统的社会管理方式越来越难以适应城市社会深层结构的转变。与此同时,基层治理的碎片化还体现为基层治理资源的分化,在单一主体和资源难以满足社会需求的同时,社区治理资源却得不到有效的整合,进一步加剧了基层治理的困境,甚至导致基层治理的内卷化状态(何艳玲、蔡禾,2005)。这里的内卷化是指,虽然基层民主化助推着基层治理主体(如社区居委会等)的自治化属性,但在实践中,社区居委会等组织依然脱离不了浓重的行政化色彩,甚至还有加深的趋势。这表明,在碎片化的约制下,基层治理主体之间难以形成利益整合机制,进而导致不同的治理资源难以发挥合力。如何应对上述困境?Z街道通过网格化管理,试图打破之前部门林立与分化的局面,通过"纵向到底、横向到边"的治理思路,实现基层治理主体和治理资源的整合。

(四)基层社会的秩序重构,催生治理机制的创新

在很大程度上,基层治理的根本目标在于基层社会秩序的实现。传统的治理方式,即自上而下的运动式治理方式,成为单位制时代的根本路径。而在市场化经济时代,随着市场主体自主性的增长及社会力量的发展壮大,政府已不再是社区治理的全能手。正如徐永祥教授多年来所强调的那样,我国现行的社区建设体制始终具有内在的结构性缺陷,即只有行政性而无社会性。或者说,现在的社区建设体制只是政府内部的行政管理体制,仅仅梳理了在社区建设上政府各个部门的关系,而未能建构起政府与社会的新型关系,故只有政府的积极性,而无法生成各类社会组织参与社区建设的能力和积极性;那么,基层治理创新的关键是什么呢?关键在于要围绕政社分开的核心原则,切实转变政府的社会职能,积极培育民间社会组织,建立现代公共财政体系,努力构建现代型的、政府与社会的分工合作体制(徐永祥,

2006）。正如Z街道党工委H书记所讲的那样，“社会建设不是政府一家的事”，因此，政府应从现有的全能政府局面向着有限政府转变。正是社会转型带来了基层社会的显著变化，这些变化已经难以通过传统的动员式、运动式治理方式来应对。当前日益凸显的个体化、原子化、碎片化和风险社会特征，共同导向基层社会秩序的重构目标，而要实现这一目标，势必要对原有的治理机制进行变革与创新。这种创新机制是什么？在H书记看来，就是通过网格化管理，不断调整和完善网格内部和外部环境，形成责任更加明晰、管理更加精细、服务更加凸显、社区参与更为积极的一种政社合作新机制。

二、网格化管理何以可为？实践及其功能定位

Z街道开展网格化管理工作有其自身的内在动力，那么，在“一格三员”网格化实践过程中，网格化管理的实践特征及其功能定位是怎样的？根据Z街道网格化管理相关负责人的观点，可以看出，在网格化实施之初，其功能定位主要在于：网格化是基层治理体系的基础性工程，在基层治理体系中处于基础性地位；它是基层治理工作的最终落脚点，同时也是基层治理创新的可能突破点。

（一）基层治理体系的基础性工程

从街道工作的实际来看，街道由社区（这里指的是行政意义上的社区，而非社会学意义上的社区共同体）构成，再将社区划分为一个个网格，形成了街道—社区—网格的联动体系。因此，对于Z街道而言，网格化工作是基层治理体系的最基础的构成要素，“任何一个网格出了问题，意味着这个社区出了问题，也就等于街道出了问题”。所以，网格化工作是街道工作的基础性工程。当然，这种思路更倾向于从一种自上而下的角度来理解网格工作的重要性，即将网格视为街道进行社区治理的更小、更精确的单元，这种将网格视为基层治理单元的观点，与学界提出的将社区视为国家治理单元的观点（杨敏，2007）有所差异。如果网格被视为一种新的治理单元，那么，

是否会在原有的市、区、街道、社区（工作站）的体制架构中增加了网格这一层级，进而形成"两级政府、三级管理、五级网络"的治理架构呢？在这一点上，我们需要进一步思考街道的属性，其到底是不是以行政化手段为核心进行基层管理？如果是延续长期以来形成的行政科层化模式，那么，在街道和社区体制下形成的网格化管理，极易成为一种新的社区管理体制。

（二）基层治理工作的最终落脚点

如果说网格化相对于街道来说是基层治理体系的基础性要素，那么，从社区的角度来看，网格化工作又是基层治理的最终落脚点。原因在于，原有的社区管理体制，经由街道向社区执行各级政府的政策和指令，这种体制的神经末梢只是延伸到社区（居委会层次）一级；然而，网格化工作的实施确实将社区进行再分和细化，所有上级部门的工作除了到达社区层面之后，还要往下延伸，要通过网格来加以贯彻实施。即在实践中，网格员队伍需要完成上级部门规定的基础信息采集、矛盾纠纷的排查化解和走访服务，而这些工作直通市一级相关职能部门，如人口计生工作、环卫工作、安全监督工作等。所以，从很大程度上来讲，网格被视为"纵向到底"的政策执行单元及行政权力下沉的最底层。而如何进一步思考以及如何进一步助推底层网格化工作与社区大众福祉之间的联结，却尚未有效凸显。从这个意义上讲，即使实现了"纵向到底"，也不意味着基层治理主体之间得以有效联动。从以前政府"门难进、脸难看"到现在居民"门难进、脸难看"的情形，似乎在一定程度上预示了网格化管理存在的上述困境。

（三）基层治理创新的可能突破点

长期以来，基层治理主要采用一种运动式治理方式（冯仕政，2011；周雪光，2012）。例如，在开展基层相关工作时，更多的是从市、区政府向下进行的，尤其是国家开展一些大型政治活动（如全国两会、纪念会等）期间，这种自上而下的动员式和运动式特征非常突出。这种运动式治理的特征在于：它并不以基层社区的需求为导向，或者说，难以体现社会层面的需求且缺乏相应的反馈渠道，进而显现出较为被动的治理局面。同时，这种运动式治理更多的是一种粗放型的管理方式，缺乏精细化操作。基于传统基层治理存在的上述困境，Z街道试图通过网格化管理来实现基层治理创新，旨在通过网格化工作实现基层治理的精细化，并通过与信息化相结合，提高传统社区管理服务的效率与效益。可以看出，相对于传统的运动式治理，网格化管理力求基层治理工作的精细化，强调将工作重心落到最基层"网格"这一特定空间上来。由此可见，网格化管理相对于长期以来的科层制、官僚制治理结构而言，并未有本质上的不同之处。

三、网格化管理如何？效应及其问题检视

Z街道自2010年年初开始进行网格化管理，通过"一格三员"网格化模式来助推基层治理创新。在2013年街道进行网格化模式创新之前，前一阶段的网格化管理的实施特征如何？其实践效应有哪些？这一阶段的网格化管理存在何种内在限度和问题？通过对Z街道前期网格化实践的梳理和反思，笔者认为，其第一阶段的网格化工作具有如下特征：

（一）以管理本位为导向，网格化工作的理念亟待破题

Z街道启动的网格化管理，可以视为其进行基层治理创新的一种尝试，一定程度上发挥了公共服务下沉、基层管理精细化等优势，但是，这一阶段的网格化管理仍然表现出以行政管理本位为实施导向，体现了较强的行政化色彩。这是如何体现的呢？Z街道第一阶段进行的"一格三员"网格化实践，主要在街道和社区两个层面开展，街道相关科室的工作向下延伸，由不同条线的专干（社区管理员）执行，社区综合协管员负责协助，街道层面的机关干部发挥督导作用。整个工作强调的是上对下的检查和考核，阻滞了基层问题的"发现—上报—化解"机制。这是一种强调管理的"大综治"思想。在H书记2009年到任Z街道党工委书记之初，Z街道已经有了一支十分庞大的综治维稳队伍，即使2010年年初启动"一格三员"网格化实践工作，也在一定程度上受到街道原有治理结构的约制。同时，这一阶段的网格化工作重点是对网格内的基础信息、人口计生、安全信息等方面进行管理，因此，依

靠传统的社区管理人员，其采取的是一种"查户口式"的工作方式，这在当前陌生化社会中已经越来越难以奏效。如何改变网格化工作的运行理念，是优化网格化模式的根本前提。

（二）"一格三员"日益分化，网格化模式的队伍需要重整

虽然"一格三员"网格化模式具有较强的动员优势，例如，其在大运会期间发挥了重要作用，但是，认真分析"一格三员"的队伍和结构特征，不难发现其中存在的内在限制。"一格三员"网格化由网格管理员、网格协管员和网格督导员构成。按照最初的架构设计，网格管理员、协管员和督导员分别扮演指挥员、执行者和监督者的角色，但在实际执行过程中，由于网格管理员具有更加显性的权力和地位，其有权力指派协管员对各个网格开展工作，逐渐地，网格中的绝大部分工作都落到了网格协管员身上。笔者在多次调研中了解到，约有90%以上的工作都由协管员来做（甚至有的管理员不干活），而在薪酬待遇上，管理员却能拿到协管员薪酬的两倍甚至好几倍之多，这相当于在网格员内部又形成了一个上下有别的行政层级。同时，街道设置了"一格三员"的绩效奖金，但囿于政府体制限制，对于街道机关干部而言，其属于单向度的惩罚机制，正向动力不足。一方面，如果某个网格考核不合格被扣钱的话，作为街道的网格督导员，也要一并扣钱；但另一方面，即使某个网格考核优秀，也没有奖金。所以，只惩不奖，街道网格督导员内在动力不足，这导致他们难以真正发挥其督导和协调作用。因此，这个"一格三员"的组织架构变得越来越松散，"一格三员"网格化队伍严重分化，"三员"之间实际上权责模糊、相互推诿，导致该模式难以为继。

（三）条块分割依然存在，网格化实践的机制急需革新

虽然在一定程度上，"一格三员"网格化管理就是针对基层治理中的条块分割现状而进行的创新举措，但实际上，由于"一格三员"模式在设计上的一些问题，导致其在具体实践中仍存在不可忽视的问题。其中，条块关系依然是该阶段网格化管理实践的主要瓶颈。例如，按照N区有关"一格三员"的规定，网格化职能划归区租赁所统筹，而各阶段相对应的房屋租赁管理科

室负责对上和对下开展工作，这就存在几个显著的问题：其一，网格化到底仅仅是为了开展基础信息（如计生条线的人口计生信息）单线收集，还是可以对人口流动、计生、安检等综合信息进行整合？其二，如果网格化仅具有管理流动人口信息的功能，那么，其他科室的工作为何又下派到网格，并通过网格员队伍加以实施？这是一个悖论。因此，租赁所这一业务部门难以真正发挥对网格管理的整合性作用。其三，如果抛开租赁所分管网格化工作不论，在本阶段的网格化实践中，又出现了各条线并行开展、各自为政的现象，即同时存在出租屋管理员、计生管理员、安全生产管理员各自为政，每一条纵线下面有自己的人。例如，出租屋工作主要集中在每年一、二月份，计生工作集中在三、四月份，而安全工作主要是五、六月份，如果每条线下面都有一套自己的人员，那么一个街道下面的社区工作队伍（包括网格员队伍）何其庞大？因此，这是难以维系的。其四，基层治理工作中的网格化实践，并未发挥与社区居民的有效联结作用，甚至许多居民对网格员这一队伍知之甚少，也容易导致居民对此难以信任、颇为反感等问题。因此，如何真正实现条线工作的整合？如何实现不同业务科室在基层同类工作中的人力整合、资源整合？如何实现街道与社区、网格之间的上下联动和条块联动？这些问题都提示我们需要在现有的网格化运行机制的基础上进行革新。

上述困境和问题之所以存在，根本原因在于，Z街道在这一阶段的网格化管理实践中仍然以管理为本位，强调地方政府对基层社会的整合功能，虽然初步建立了上对下的监督及下对上的纵向反馈机制，但未能建立起较好的横向联结机制，形成了一种“只有条、没有格”“只有物理划分、没有网格活力”的悖论，并且不同性质的网格员队伍存在明显的分化特征。与此同时，我们并不能否定Z街道这一阶段所进行的探索及其有效成绩，这一阶段出现的上述核心导向是基层治理实践在特定阶段的必然产物。随着Z街道在实践中不断反思，以及一系列条件的成熟，催生了Z街道进行新一轮的网格化管理创新，党的十八大尤其是党的十八届三中全会提出的“网格化管理社会化服务”战略决策,进一步为Z街道进行网格化实践指明了方向。

第四节　Z街道网格化管理变革:动因、效应及其限度

由于前期“一格三员”网格化模式的固有缺陷及其实践困境,在一定程度上削弱了基层治理的工作成效,导致网格化管理的内卷化效应,即前期的网格化管理并未发挥“如其所是”的功能,而成为一种“变相的”行政层级。这就需要从理念、机制、路径和保障等方面对网格化管理进行系统的变革和创新。在2012年H社区试点基础上,Z街道逐渐在整个街道进行网格化工作创新,其主要做法有:其一,坚持基层治理社会化格局,推进网格化管理社会化服务,致力于通过“寓管理于服务之中”,强调从管理迈向服务,发挥网格化在基层工作中的精细化、精准化和基础性优势;其二,坚持以信息化为抓手,力争实现基层工作与民生工作之间的有效衔接;其三,坚持社会化导向,将网格化管理工作循序渐进地打包委托给社会服务机构运营,通过项目化方式探索政社分工与合作机制下的基层治理模式;其四,通过搭建社区党建引领社区服务、社区管理和社区自治等“四位一体”的社区建设制度体系,实现网格化管理服务基层治理体系和治理能力现代化的制度保障。笔者接下来将从Z街道进行网格化工作改革的内外动因、新型网格化工作的特征及其效应,以及新型网格化模式存在的限制等方面,对改革后的网格化工作进行系统的梳理和分析。

一、探寻基层治理的社会化逻辑:网格化模式创新的内外动因

Z街道开展网格化管理,是基于基层治理实践中的现实需要而内生的。具体而言,是由于基层治理的挑战日益增多,条块分割的阵痛不减。基层治理的碎片化及基层社会秩序的重构,呼唤着基层治理方式、治理结构、治理

资源和治理机制的创新，而网格化管理成为回应上述困境的模式选择，旨在通过网格化管理，探索基层治理体系的创新模式。然而，这一阶段的实践虽然在原有的治理格局下有所创新，但仍然存在比较显著的限制。笔者结合对 Z 街道的调研来看，导致第一阶段出现上述困境的根本原因在于：在实践之初，网格化在基层治理体系中的结构性位置还不太清晰，网格化不仅仅是一种治理工具或技术，它同时也是一种基层治理新机制。那么，如何体现这种基层治理机制的创新之处呢？Z 街道 2012 年在 H 社区进行的社区体制改革实践，以及 2013 年推行的“一格一员”网格化模式，体现出一种“探寻基层治理社会化”的整合性治理逻辑。由此，不难看出，这种社会化导向的治理逻辑激发了网格化模式创新的内外动力。具体如下：

（一）追求社会性：破解原有网格化机制障碍的内生源头

网格化被引入社会管理领域之初，就被视为一种管理技术或工具，并逐渐演化成一种基层治理体制。一段时间以来，网格化被定位为一种追求“纵向到底、横向到边”的治理机制，其实，这种定位并未跳出固有的官僚体制，反而使得地方政权与基层社会之间日益分化和偏离。已有的实践和诸多研究表明，当前网格化面临着一些共性的根本性问题，即网格化是否会强化原有的科层官僚结构？是否会强化基层治理的行政化逻辑？是否会制约基层社会的自主性与社区自治？而这些问题，同样是 Z 街道在前一阶段网格化实践中难以回避的。这需要从根本上对网格化的本质进行反思和重构。那么，网格化到底应该如何定位？网格化的本质属性到底是什么？如何重构地方政权与基层社会之间的嵌入性关联？这就需要重新赋予网格化以新的内涵。结合 Z 街道第二轮网格化实践，我们可以将网格化的本质定位为对社会性的追求。何谓社会性？它指的是基层政权在进行治理过程中应该坚持的服务导向而非管理导向，应该以社区需求为本，而非从部门自身的意志出发来处理问题。因此，追求基层治理的社会性成为网格化的根本意义所在，也成为破解原有网格化实践中条块分离的体制弊端和机制障碍的源头活水。基层治理的根本在于实现基层社会秩序的重构，而这种秩序如何得以建构？这需要不断探索基层治理的社会化逻辑，这也是实现基层社会秩序的根本路径。同时，网格化是实现基层治理社会化目标的一种新型机制。

（二）回归社会性：社区网格化工作模式创新的内在指针

自二十世纪九十年代以来，中华人民共和国民政部主导推动社区服务和社区建设，一方面将社区视为一个个治理单元（作为行政意义上的社区），对单位制解体后的社会秩序重构发挥了一定作用；另一方面，这种自上而下的运动式社区建设运动在社会自主力量缺失的情形下衍生出了更多的问题，例如，原本应作为居民自治组织的社区居委会组织体系成为基层政权的行政代理人，类似深圳市，还在居委会组织以外设立了社区工作站，成为行政权力向下延伸的重要推手。正是在这个意义上，整个社区建设凸显出强烈的行政化趋向，而社区自治性、社区公共性（作为公共体意义上的社区）长期受到抑制，进一步导致了当前社区的碎片化和风险化。正是作为共同体意义上的社区的本质受到压抑和阻隔，致使社区的行政化管制功能凸显。因此，重构社区的本质，是当前社区治理和社区建设的核心诉求。那么，社区的本质是什么呢？社区在本质上是联结个体及其公共性困扰的桥梁和纽带，是生活于其中的人们的生活、精神共同体，生活于此的人们具有相似文化、共有认同及行动等特征。从根本上讲，就是要追求社区的社会性。在当前日益行政化的社区建设中，只有"让社区回归社会"，才能实现社区本质的重构。而回归社会性的社区本质重构，应成为Z街道推动社区网格化模式创新的内在指针。H社区的网格化实践正是在这一根本前提下得以有序推进的。

（三）政社分工与合作：实现网格化机制创新的重要推力

近年来，国家大力推进的政府职能转移与政府向社会力量购买服务政策及其实践，可以被视为国家着力打造服务型政府的尝试。党的十八届三中全会指出，要"正确处理政府和社会关系，加快实施政社分开，推进社会组织明确权责、依法自治、发挥作用。适合由社会组织提供的公共服务和解决的事项，交由社会组织承担"。这表明，探索和实践政社分工与合作机制，是当前社会治理体制机制创新的重要内容。为探索基层治理实践路径，地方政府不断引入专业社会组织承接相关职能，旨在不断激发社会活力，提高政府公共服务效率，建构基层治理的合力共推格局。在 Z 街道的治理实践中，政府与社会组织之间的合作似乎已经形成新常态。例如，Z 街道社会管理中心(综治信访服务中心)由党工委书记担任综治委主任，党工委副书记、纪工委书记担任中心主任，下设统筹室及中心统筹室(包括信访办、总值班室、应急指挥中心等)，成为推进新一轮网格化工作的新型组织架构。同时，通过项目化方式引入相关专业机构承接街道行政管理事务和社会组织服务等原有职能，更是将 H 社区原有工作站承接的辅政类服务打包委托给专业社会组织来做，并取得显著成效。因此，前期的政社分工与合作经验，也为进一步探索由社会组织来承接网格化管理服务的项目化实践机制创造了重要条件。

(四) 队伍专业化：催生网格化工作模式创新的直接动因

目前，网格化管理实践面临的一个普遍问题是网格员队伍的合法性问题。也就是说，如果网格员队伍作为政府雇员的话，那就相当于网格被视为一个新的行政层级；如果网格员不是政府雇员，而是由志愿者组成，那么这个队伍如何持续？Z 街道“一格三员”网格化实践同样面临着上述困境：一方面，“一格三员”网格员队伍由街道机关干部、社区专干及劳务派遣而来的综合协管员构成，这个队伍从结构和性质构成上体现出复杂性和不平衡性；另一方面，在实践中，由于权责分工模糊，“三员”在“一格”中日益出现分化的情形。网格化能否持续，关键在于是否有一支稳定的网格员队伍有效地开展工作。基于前期实践面临的困境，Z 街道试图在网格员队伍上进行创新，其主要做法是通过项目化外包的方式，由具有专业资质的社会服务机构聘用网格员开展网格管理服务，实行“一格一员”制度。解决网格员队伍专业化的诉求，是改善 Z 街道网格化实践境遇的直接动因，这主要体现在：只有明确网格员的身份归属，才有利于网格化工作的有序推进；只有明确网格员队伍的责任分工，才有助于提高网格化工作的效率和效益；只有在原有基础上加强网格员福利待遇，才能提升网格员工作队伍的积极性和主动性。在很大程度上，"一格一员"改制使网格员的责任分工更加明晰，有效激发了其积极性；通过项目化运作，由社会服务机构管理的网格员队伍更具归属感，这更易于提高网格管理服务的能力。

二、社会化、项目化、专业化、信息化：网格化模式创新的多重特征

新一轮的网格化模式在许多方面具有创新之处，体现出以实现基层治理社会化为目标、以项目化运作为关键策略、以专业化发展为导向，以及以信息化为技术支撑等多元化特征。这些特征重构和形塑了网格化的本质及其核心要素。

（一）社会化目标：网格化机制创新的核心诉求

如前所述，Z 街道新一轮的网格化改革从根本上重构了网格化的本质特征，即致力于实现基层治理的社会化目标。在前期"一格三员"模式的基础上，Z 街道将 11 个社区的网格化工作分为两种实践模式：一种是以 H 社区为代表的综合性模式，即将社区内绝大部分社区事务（包括网格化工作、社区家园网、社区行政窗口等）委托给阳光家庭的项目团队，这个团队的成员既包括机构原先的专业社工，又包括从原 H 社区工作站吸引过渡而来的社区工作人员，两支队伍磨合形成一个团队，合力开展本社区内的相关事务；另一种是以兰园、桂园为代表的纯网格模式，即街道将这些社区的网格服务打包，通过公开招投标的形式交由某家社会工作机构开展，而街道内的其他工作，包括社区家园网、社区服务中心等由另外的社会工作机构做，并且这些社区还同时存在着社区工作站。先不论两种模式的具体效应及其差异，从总体上讲，上述做法确实是 Z 街道在原有行政工作体制上进行的重要创新。这种创新主要体现在，它从原先的行政本位向社区本位转变，即重新强化街道的公共管理与社区建设职能，将其在社区层面的行政化工作加以调整。通过"社区属于社会""让社区回归社会"理念的形塑，Z 街道党工委书记明确认识到社区的事务应交由社会去做的治理原则。因此，将网格化工作

通过招投标方式引入专业社会组织来实施，并由社区居委会、社区大众共同监督的做法，是街道在治理过程中追求社会化目标的重要体现，同时，这种社会化目标导向也成为新一轮网格化模式创新的核心诉求。

（二）项目化运作：网格化模式创新的关键机制

原先的“一格三员”网格化模式的主要做法是通过“三员”开展网格相关事务，采取的是一种传统的自上而下的工作方式，例如，在实践中出现的网格管理员指派协管员，并导致“三员”之间的内部分化等现象，就是行政化模式带来的后果。那么，如何在网格工作手段上进行创新？通过将网格工作打包委托给社会服务机构来承接，在街道与社会服务机构之间形成契约化关系，借助项目合同文本，社会服务机构以项目化的方式开展街道委托的网格化工作。多年来，项目制成为中央开展许多专项项目及进行财政转移支付的重要手段，有学者将项目制视为一种新型的国家治理体制（渠敬东，2012），这引起了诸多学者的激烈讨论（折晓叶、陈婴婴，2011；周飞舟，2012；陈家建，2013、2015；黄宗智、龚为纲、高原，2014；周雪光，2015）。上述研究主要集中于中央项目、中央与地方关系等场域之中，而较少将焦点放在基层政府的项目化运作上。项目制更加强调将其作为一种体制的运作方式而加以关注，而地方政府进行的项目化实践，还算不上一种体制上的创新。因此，Z街道进行的网格工作项目化实践，更多的是在治理机制上的创新，即它是通过以项目为载体，而将网格工作委托给社会服务机构，而街道、社会服务机构与网格员之间的关系主要通过这种项目化方式得以联结。这有利于规避以往街道直接对网格员队伍进行管理及其实践过程中存在的合法性困境。可以说，项目化是网格工作社会化目标实现的关键手段。

（三）专业化导向：网格化工作创新的重要抓手

与社会化、项目化密切相关的问题在于，Z街道力图推进网格化工作的专业化发展，即实现网格员工作队伍的专业化、职业化问题。在原先的“一格三员”网格化模式中，网格协管员队伍由劳务派遣公司提供人员组成，这部分人员具有临时性、非专业性、非正式性等特征，正因如此，劳务派遣逐渐表现出问题，甚至出现合法性问题。现有的研究也反映出类似的问题，即网格员队伍的合法性问题(竺乾威，2012)。Z街道正是在此基础上思考网格员队伍如何优化与创新的方式：一方面，由于劳务派遣不具有合法性，所以街道不能沿用之前的方式引入网格协管员；另一方面，由于"一格三员"队伍中存在的分化问题，原有的模式也难以为继。因此，如何在人员结构上破题，是Z街道进行新一轮网格化创新的重要任务。在Z街道网格化工作核心成员看来，由社会组织聘用和管理网格员，逐渐增强网格员队伍的专业化能力，提高网格化服务水平，成为破除网格化队伍掣肘的可选之路。Z街道通过引入阳光家庭等几家专业社会服务机构承接街道网格化工作，旨在实现网格化工作队伍的专业化和职业化，逐渐形成一支由社会组织工作者组成的网格服务员队伍。这是新一轮网格化模式的重要特征，也是创新网格化工作的关键点。

(四)信息化手段：网格化治理创新的技术支撑

随着社会转型的复杂性日益加深，风险因素日益多元，以及社会治理难度日益加大，基层社会中繁杂众多的网格化工作难以通过传统的方式实现有效管理。信息化手段因具有提升社会管理效率、节约行政管理成本、提高社区大众的生活质量等优势，而成为当前全国范围内城市管理，尤其是网格化管理的重要技术支撑。那么，Z街道在网格化工作中进行的信息化平台建设有何特殊之处？基于Z街道近年来的治理实际及其需求，2011年，Z街道在全市范围内建立了首个社会建设织网工程，并于2012年8月率先完成了织网工程"一库一队伍、两网两系统"的体系建设。在此基础上，Z街道继续强化网格化工作的信息化支撑，将原来"Z街道城市社会建设集成应用平台"升级为"Z街道织网工程集成应用平台"，并以该平台为依托，对网格员在网格中的各项工作流程进行梳理和信息化再造，除了设置矛盾隐患排查化解的"社区管理"模块以外，还设立了"社区党建""社区服务""社区自治"等模块。通过以社区党建为核心引领，形成"一核多元"社区治理模式，有效促进了社区党建、社区管理、社区服务和社区自治"四位一体"的社区体系建设，极大地发挥了信息化平台在促进网格化工作，乃至整个基层治理中的集成效应。

三、服务型治理与基层治理的整合性：网格化模式创新的多维效应

反思Z街道新一轮网格化工作实践不难看出，其在治理理念、治理手段、治理机制等方面都具有明显的创新之处，正是在上述创新元素的指导下，新一轮的网格化工作取得了积极成效。其中，最核心的方面在于：强调社会化、项目化、专业化和信息化为特征的网格化实践，是助推基层治理实现服务型治理和整合性治理的重要创新机制。

（一）从管理向服务的拓展：基层建设中服务型治理格局基本形成

新一轮的网格化工作从街道角度对网格化的本质属性进行了重新定位，即追求社会性，促进基层治理的社会化目标；同时，网格员队伍也就网格化的定位问题向笔者进行了反映。从街道层面来讲，随着街道职能定位进一步清晰，街道作为基层治理的重要主体，应该致力于推进基层治理的社会化，实现从原先的管理、管制向治理和服务的转变。Z街道通过网格化管理社会化服务的探索，旨在通过网格化这一治理机制的创新，促进基层治理体系和治理能力的现代化。具体而言，Z街道近年来将网格工作、街道综合行政服务事务、社区窗口事务等传统行政领域的工作逐渐通过项目招投标的形式委托给专业社会服务机构来承接，实现了由传统行政化方式向专业社会化方式的转变。另外，通过这种项目化运作方式，街道层面只需与社会服务机构之间形成"事本主义"导向下的契约关系，"管事不管人"的方针也给街道在基层治理过程中带来了许多好处：行政成本降低、服务成效提升、社区居民对政府的满意度提升等。从网格员队伍的角度来看，他们认为，网格虽然以管理和服务两块工作为主，但是，就网格工作的本质而言，应该是以服务为中心、以管理为辅助。在他们看来，网格工作并非只是应对那些管理性事务，更多的是面向大量社区居民的日常事务，无论是日常信息采集、走访服务，还是居民的各种事务办理，都更多地体现为普通居民的一种服

务性需求。因此,网格员的工作更多的是在为居民服务。在很大程度上,正是街道对网格工作的定位,网格员在具体实践中对网格工作本质的内化,以及承接网格化项目的社会服务机构在实施过程中的服务理念的彰显等多重要素的结合,逐渐催生了一种基层服务型治理格局。这种服务型治理格局有助于实现公共利益的最大化,有助于促进社区公平与和谐(杨君等,2015)。

(二)从碎片到整合的演变:基层建设的整合性治理机制初步建立

原先在“一格三员”模式实施过程中,会形成各条线上自己的工作传统,导致各条线之间、街道各科室之间的内部治理碎片化困境。Z街道新一轮的网格化工作在管理架构上进行了优化与创新,例如,坚持“小综治、大统筹”的原则,在街道科室中组建了专门负责网格工作的统筹室,统筹室的建立初衷是对原来具有浓厚管理色彩的部门,如综治办、司法科、信访办、工会、安检处、租赁处等部门进行统筹。统筹室既是一个入口,又是一个出口。前台人员对社区相关案件进行分类,并传到对应的职能科室处进行处理,案件处理好后,再通过统筹室加以反馈,如此就实现了一个社区事件的完整处理。这种运作方式体现出如下几个方面的整合性特征:其一,在条线工作上的整合。原先条线之间基本是并列而行的,各自为政,少有合作与联动;通过街道统筹室的推动,可以将各个职能部门的工作加以联结,避免类似案件在每个部门中平行流动的资源浪费局面。比如,之前街道成立了多个调解组,将劳资纠纷、家庭纠纷等分到不同的调解组加以处理,而真正的职能科室却难以发挥作用。其二,在条块工作上的整合。原先的网格化模式更多的是上与下(条与块)之间的指令—服从关系,网格员在工作中显得十分被动;新的网格化实践在实践机制上得以创新,即网格工作由块发现、由条处理,再由块确认,实现了条块之间的“双向确认”机制,有助于确保案件的有效处理以及条块的有序联动。特别是随着社会组织在网格工作中的引入,更深层次的意义可能在于,由于现阶段网格工作由专业的社会服务机构开展,这一“双向确认”机制实现了政府和社会组织之间新的互动逻辑,改变了以往政府单方面监管社会组织，但对于政府的监督却“缺位”的现象。其三，在资源上的整合。基层治理的资源具有分散性、有限性等特征，如果将基层服务主体加以整合，可以同时对不同治理资源加以整合与聚集，实现治理效益的最大化。例如，H社区的网格化实践就是将市、区的社区服务中心项目资源与街道的网格化项目、社区家园网等资源加以整合，由阳光家庭的工作团队开展工作，极大地促进了基层治理资源的聚合性。

（三）从临聘到专业的过渡：社区网格员队伍职业化体系雏形初现

网格员队伍是网格化工作能否有效开展实施的关键变量。之前的“一格三员”网格化模式存在一些明显的弊端，其中，网格员队伍内部分化是限制网格工作持续有序推进的内在限制。基于此，Z街道在新一轮的网格化改革中，着力在“人”的问题上进行了突破。街道对原先由“三员”构成的网格化队伍重新调整，其中，变化最大之处在于：街道不再直接从劳务中介机构引入协管员队伍，而是通过项目打包的方式，由社会服务机构来聘用、管理和考核网格员队伍。这种做法与此前的“一格三员”的不同之处在于：一是网格员的身份问题得到较好的解决。网格员不再由性质不同的队伍构成，也避免了原先性质不同所带来的一系列问题，网格员可以在社会服务机构中与专业社工队伍进行优势互补与融合。例如，H社区就通过社会服务机构承接网格化项目，实现了专业社工与原有社区工作者之间的融合，有效地推动了社区网格化工作的开展。二是网格员的责任得到明晰，工作积极性有了显著提高。原先的“一格三员”模式虽然有所分工，但实际上像“一锅粥”，由于网格工作队伍内部的分化，网格督导员的工作缺乏动力和激励机制，形同虚设；网格管理员因拥有一定的权力，成为网格工作的指令发出者；网格协管员从协管变成“核心”，绝大多数网格工作都由协管员来做，却得不到相应的报酬，因而，又激起了网格协管员队伍的不满。针对这些现象，Z街道进行的网格化创新，旨在形成“一格一员”的网格化工作模式，通过责任明晰，有效改变了原先存在的问题，提高了网格工作的质量，提升了网格工作的效果。这种变化不仅在H社区这种综合性模式中得到体现，而且在以兰园、桂园社区为代表的纯网格模式中也有体现。三是网格员队伍的专业化、职业化问题受到关注。网格员这个队伍到底如何定位?在网格员自己看来,他们所从事的是代表政府的工作,却不能被视为政府体制内的人员;他们认为,网格工作兼顾管理与服务功能,应该以社区工作者作为网格员队伍的统称,逐渐推进网格员工作队伍的专业化和职业化。在Z街道的实践中,承接网格项目的社会服务机构会鼓励网格员通过报考社会工作师资格考试等途径,提高自身的专业化水平和职业能力,并获得薪酬待遇的提升。现有的网格员队伍中部分人员已经通过了社会工作师资格考试,通过助理社会工作师和中级社会工作师考试的每月可以分别增加300元和500元工资,后期还有可能成为督导。这是网格员队伍向社会工作专业人才队伍序列靠拢的重要尝试。

四、实践限度:网格化管理社会化服务模式存在的问题分析

新一轮的网格化实践具有一些新特征,并在网格化治理方面取得了一些积极成效。但与此同时,由于新一轮网格化实践时间尚短,加上这种改革处于整个深圳市乃至全国的前列,因此,在无有效经验可循的前提下还存在这样那样的困境或不足之处。而客观地指出现存的问题,是进一步优化网格工作、助推基层治理目标实现的内在要求。

(一)运行机制受阻:网格化实践只是街道层级的内部循环

与国内一些省市的网格化实践机制不同,Z街道的网格化模式更多的是在街道层面上进行的创新,形成了“街道—社区—网格”之间的联动;而宜昌市、舟山市、厦门市等地的网格化则是从市级层面进行统筹,并向下推进实施。目前,虽然深圳市在网格化方面还未形成自上而下的管理体制,N区虽然从区层面上推进了“一格三员”网格化管理,但是,其将网格化工作纳入租赁体系之中,网格化的属性和定位受到极大的质疑。Z街道对网格化进行了重新定位,将其视为基层治理的基础性工程,并认识到网格化工作的基础性、复杂性、综合性等特征,强调网格化的社会性、服务性和整合性等功能。

但从新一轮的网格化工作实践情况来看，Z街道的网格化运行机制还存在着明显的限制。例如，在区级，乃至市级部门，向下检查各条线工作时，最终都要落到社区和网格中，而街道层面的网格化运行机制与上级部门的运行机制之间并不是协调一致的，这就导致网格工作的上下联动机制受阻。因此，Z街道的网格化模式更多的是在街道内部循环运作的。这种运行机制存在双重逻辑，引发了双重困境：对上级而言，由于长期固化的考核机制未变，上级部门对街道网格化的考核并不会随着街道的创新而有所调整，因此，Z街道的网格化模式创新受到抑制；对街道自身而言，街道科室层面也会因为街道自己的创新而难以适应，难以与上级工作要求相衔接，因而对网格化创新有一定的拒斥，使得网格化创新的动力受到削弱。质言之，在很大程度上，作为一种源自街道层面的自下而上的基层治理机制创新，网格化工作创新仍存在限制。

（二）项目化的限制：事本主义下的委托—代理存在诸多局限

如前所述，Z街道的网格化创新的重要体现就是通过项目化方式，通过在街道与社会服务机构之间订立必要的合同作为约束双方权责的法律文本，事实上形成了一种委托—代理关系。由社会服务机构承接网格化项目可能与一般的劳务派遣中介机构所具有的代理功能不同，比如，劳务派遣而来的协管员具有临时性和不稳定性，他们难以享有一般工作人员应有的福利保障，待遇也比较低。“一格三员”网格化模式实践中就有类似的问题存在。通过项目化的方式，网格员的薪酬待遇成为网格项目中的主要部分，按照合同规定，用在人头上的费用不低于整体费用的75%，因此，在一定程度上，改革后网格员的薪酬待遇相比之前的模式有了提高。但是，这种改善也不是绝对的。换句话说，一个社会服务机构可以承诺将项目总额的75%用于人工支出，但其中的诸多人事管理细节需要由各社会服务机构的制度来决定。由于项目化的“事本主义”特征，街道方面更多地考察机构对网格内相关事务做得如何，而不去直接追问一个人如何，这种治理策略一定程度上是街道自身授权的体现，即街道向社会服务机构授权，由机构自行招聘、管理网格员工作队伍，一定程度上有助于政社分工机制的形成；但另一方面，"管事不管人"的策略不可避免地会造成社会服务机构对于网格员管理时出现一些问题，尤其是在社会服务机构专业使命不明、自身能力较弱，以及组织治理结构和规范化程度不高的情形下，将网格员队伍交由类似社会服务机构来管理，隐藏着许多问题。例如，因为对于机构来说，新进来的所有网格员都被视为新员工，无论是资深网格员还是新网格员，都要按照机构的管理制度来管理，包括以半年为试用期（试用期间工资待遇自然会降低），本机构工作未满一年不能享有机构提供的体检福利，盛夏高温补贴需要外出作业才能享有，且要网格员自行登记时间。另外，还有网格员抱怨，本来就不多的工资每个月还要分几次发放等。这些都是现行项目化实践中存在的问题，如果不能得到有效改善，既不利于网格员队伍的稳定，也不利于网格工作质量的提高和效能的提升。

（三）管理制度不优：街道、机构与网格员之间的衔接受阻

与上述机制不畅、项目化的内在限制相关的另一个问题是管理制度上的障碍。这主要体现在以下几个方面：其一，原本只是开展专业类服务的社会服务机构，在承接了具有长期行政传统的网格化工作之后，机构是否具有管理和指导网格员队伍增强其能力，并有效提高其工作质量的优势呢？如果没有这样的优势，那么，社会服务机构对网格员队伍的聘用、管理与之前的劳务派遣在实质上并没有太大的区别，有可能会沦为"只是换了一个机构发工资而已，其他的也没有什么改变"的局面。然而，这并不是Z街道在改革之初所能预见的。其二，由于网格工作与体制内的系统紧密相连，在开展网格工作时需要对相关部门的工作体系有清晰的把握和认识，而习惯于在外围开展各类群体服务的社会服务机构在承接了这些网格化管理项目之后，其在工作逻辑上与网格化工作要求的逻辑并不一致，这也会导致网格工作中的"两张皮"现象，即专业社工队伍继续做其专业工作，而网格员则继续做网格工作，难以促成两支队伍的整合与互补（H社区在两支队伍的融合上做得较好）。现有的几家承接网格化项目的机构中，个别机构的原有工作人

员对网格工作较为陌生，在网格员遇到相关问题需要向机构请求协助时，机构也无能为力。如果这种现状继续存在，那么，由社会服务机构来承接网格化项目的独特之处在哪里？这样会受到街道内部或其他主体的质疑。其三，网格员队伍面临的困境。由于不同的机构情形不同，导致网格员在不同机构所能享有的待遇不尽相同。例如，具有同样资历的网格员在不同机构的待遇不相同，考过社会工作师资格考试的网格员在不同机构也会被差别对待，有的机构按照市里的政策每月予以补贴，而有的机构就不执行这种政策。当然，在很多情形下，类似机构并不会"知法犯法"，而是尽可能策略性地做到"合法但不合理"。只是，目前网格化方面的制度还比较欠缺，对网格化工作有序推进限制颇多。

（四）多元主体并存：基层社区治理资源分割下的碎片化困境

在新一轮网格化工作中，Z街道致力于通过强化网格工作的社会性、服务性、综合性、基础性，并通过项目化、专业化、信息化等手段实现基层服务型治理和整合性治理目标；与此同时，当前网格化实践中仍然存在多元服务主体并行的现象，这导致有限的治理资源受到切割，进而导致治理主体之间及治理资源的碎片化困境。这主要体现在：其一，尽管网格化工作打包委托给社会服务机构（一个新的主体），但是社区工作站（原先开展网格化工作的核心主体）依然存在，且在现行的纯网格模式中，由机构管理的网格员与社区工作站（站长、专干）之间仍然有千丝万缕的关系，那么，转型而来的网格员与社区工作站人员之间的关系到底如何，会不会回到原先"网格管理员（专干）指派网格协管员（网格员）"的情形？其二，与此同时，社区工作站与社会服务机构之间的关系更加微妙，原本由社区工作站承接的事务，现在部分被外包（剥离出来）给社会服务机构来做，对于社区工作站而言，是不是一种利益的损失？如果如此，那么，在现行的网格化实践中，社区工作站的资源如何与网格化项目资源进行整合呢？这是现有纯网格模式存在的一个隐性制约。其三，除了承接网格员队伍的机构、社区工作站以外，有的社区还有承接市、区统筹的社区服务中心项目的机构，这种情形下，就会出现社区服务主体的"多头现象"。举例来说，机构A的网格员在开展相关信息收集和案件排查过程中，机构B的社工同时也在做社区家园网的项目，这时会出现机构B的社工向机构A的网格员要资料的问题，而对于机构A的网格员来说，社区家园网的工作完全可以整合到他们自己的网格工作中去，所以，这就出现了多头重复工作的现象。另外，有的社区在成立了社区服务中心之后，原先的社区工作站也将牌子改成社区服务中心，给居民办事带来了困扰，居民在不同服务主体之间被"推来推去"，不知道到底去找谁，对政府有了更多怨言。如何使有限的社区资源得到整合，是社区治理的重要内容。在调研过程中，部分社区网格员反复夸赞H社区的做法，不仅其网格员的待遇有所提高，而且社区内的服务主体之间的关系更加清晰，在社区建设中逐渐形成了一种社区治理共同体。或许H社区的经验应成为Z街道网格化模式创新的可复制模式。

第五节　结论与讨论

一、研究结论

通过对Z街道创新网格化管理实践及其创新探索的实证研究，以及其与国内外相关网格化管理案例的比较分析，笔者得出以下研究结论：

（一）嵌入性治理与基层社会治理机制要有创新

从以往有关网格化管理的研究中可以看出，有关网格化实践的理论基础较为匮乏，尽管学界从不同理论中试图为网格化管理寻找理论依据，但终归带有明显的移植特征，而非网格化实践中生长起来的本土化理论。Z街道的网格化实践经历了从一般化实践（类似于全国其他地区的实践模式）向新型网格化的转型，这种转型背后具有独特的理论基础作为支撑。经过对Z街道网格化管理，乃至整个基层治理的研究和思考，笔者认为，指导Z街道进行网格化创新的理论内核是嵌入性治理。一方面，Z街道将网格化管理纳入基层治理体系中，构成基层治理的基础性要素；另一方面，在推动网格化管理中强化社会性因素，旨在实现基层治理社会化的总目标。

何谓“基层治理的社会性”？在嵌入性治理理论看来，它指的是多元基层治理主体（包括基层政府、村/居组织、社会组织、社区居民等）的治理目标指向社区或社会的发展，其行动实践是嵌入基层社会情境中的，即这种治理需要遵循基层社会的运行规律和社区的内在特征，使治理主体的行动最终是为了促进社区大众的福祉及社区的发展。具体而言，基层治理的社会性体现在：在治理理念上，需要摒弃政府一家独大的传统管理思维，而要认识到政府治理本身的内在限度，吸收和争取其他主体在基层治理中的优势；在治理目标上，要破除经济理性主义驱使下的理性人特征，而要追寻社会理性视角下的社会化目标，即为了社区发展和社会进步这一共通性目标而努力；在治理策略上，打破传统的条条、条块限制及政府与社会之间的二元对立局面，通过政府职能转移、服务购买等项目化方式，实现政社分工与合作机制，探索基层治理中多元主体的合作治理格局。目前，Z街道通过确立基层治理社会化的实践导向，通过探索基层政府与社会组织之间的项目化、契约化合作，建构基层社区工作者的专业化、职业化体系，以及信息化技术支撑等“四位一体”的网格化创新模式，极大地彰显了基层治理的社会性和嵌入性特征。

（二）基层治理的社会性：一种理解网格化管理的新型范式

长期以来，单位、街/居、社区依次成为国家进行基层治理的重要单元，在社会原子化、碎片化凸显，以及信息化时代的到来等背景下，上述治理单元都逐渐成为一种“脱域”的单元，即当今时代背景下的人们可以不依靠单位、街/居或社区而生活，甚至能过得更好。为什么呢？原有的治理单元更多地被国家赋予了间接服务社会大众的重要组织化功能，而今，人们的选择越来越自由、需求越来越多元，以传统管理或服务为特征的上述治理单元势必逐渐受到排斥。那么，如何在国家与个人之间建立一种替代性机制，以弥补“国家—单位（或街/居、社区）—个人”之间的联结机制？正是在这个意义上，网格成为一种新型的组织化载体被提到基层治理的核心议程中。而试图以网格作为联结国家与个人之间中介桥梁和纽带的理念，在实践中出现了两种截然不同的逻辑取向：一种是过于强调政府行政权力本位的网格化实践，在本章中不难看出这种网格化实践的代表，然而，这种取向使网格沦为政府行政权力向下延伸的另一个层级，从省、市、区，再到街/镇、社区、网格，形成了一个整体化、系统化的治理体系，这种实践仍然极大地压抑着社区活力的释放，因而，易于导致基层治理的内卷化或异化；另一种是源自基层社区实际需求，坚持"社区为本"理念而形成的网格化治理模式，在这种模式中，政社分工与合作成为基层治理的常态化机制，地方政府与社会力量的互动与合作成为破解国家与社会二元对立关系、重构国家与社会之间的联结性的重要体现。笔者认为，正是第二种取向的网格化治理模式，使得国家和社会在最基层的单元(网格)空间中实现了二者关系的重构。这正是当前探讨基层治理社会化的根本体现。因此，笔者认为，Z 街道正在探索的网格化管理社会化服务模式，是促进基层治理体系和治理能力现代化的重要抓手。网格化管理并非一种管理体制上的延续，而是通过注入社会化的元素，成为基层治理的一种新型机制。正是在这个意义上，笔者认为，基层治理的社会化可能成为网格化管理创新的一种新型范式。

二、进一步建议

笔者从实践中看到，Z 街道在基层治理方面进行了一系列创新，其中，网格化管理作为基层治理的基础性工程，在 Z 街道基层治理体系和治理能力现代化目标实现过程中发挥了积极的作用，并取得了良好效果。但是，由于 Z 街道的网格化模式创新仍处于起步阶段，现行的网格化实践中仍然存在一些不可避免的问题和限制(如前述分别对两个阶段的论述)，因此，有必要就一些现存的问题进行有针对性的回应和改善。

(一) 明晰网格化运行的权力边界，实现基层治理的上下联动机制

针对目前 Z 街道网格化实践的向上运行机制受阻这一困境，有必要通

过街道自身网格化经验的进一步升华，逐渐形成一套科学、合理的网格化治理模式，在全区乃至全市层面形成示范效应，在实践创新的基础上促进现有政策的变革与创新，以自上而下的策略化行动拓展网格化运行的权力边界，实现 Z 街道网格化既能对下有序实施、又能对上有效衔接的上下联动机制。如何拓展网格化运行的权力边界，或许是 Z 街道网格化模式创新的重要任务。这就涉及基层政府行政体制改革如何与社会体制改革更好地衔接与融合的问题。在全面深化改革时期，如何在基层治理中探索以党建创新引领行政体制改革和社会建设的组织化机制，或许是 Z 街道突破网格化现有困局的重要机遇。

（二）优化网格化项目的实践体系，促进基层治理的政社合作机制

如前所述，尽管项目化运作成为 Z 街道网格化创新的重要体现，但是，本质上强调"事本主义"的项目化机制也存在一定的问题。通过项目化实践，如何明确政府与社会组织之间的权责分工，成为当前网格化项目实践的重要挑战。Z 街道在引入社会组织承接网格化管理职能方面可谓迈出了很大一步，但是，与这种项目化运作相关的一系列实践体系却并未建立起来。其一，在街道层面招标自主权有限的前提下，区级招标体制会大大限制街道的网格化招标工作，因此，招投标管理制度的优化成为项目化实践的首要内容。其二，如何通过项目化载体明晰政府与社会组织之间的权责关系？即政府和社会组织在项目化实践过程中的角色定位分别是什么？明晰政府职能清单，明确政社双方之间的权责边界，成为项目化实践的核心要素。其三，与招投标管理制度不无相关的是，如何更好地筛选优秀的社会服务机构？如何确保有经验的机构实现可持续发展？如何在不同的机构之间形成良性的竞争机制，以内外动力驱动社会服务机构不断提高服务质量和治理水平？这需要街道在招投标管理制度方面有更大的自主性，也需要街道拥有对称获取社会服务机构信息的能力，因此，让街道有权力也有能力选择符合街道实际的社会服务机构，才是网格化项目实践有效推进的重要保障。其四，要在现行的网格化管理绩效考核制度方面进行优化，进一步细化社会

服务机构对网格员队伍的管理权限，以保障网格员队伍获得应有的薪酬待遇。其五，建立网格化项目实践第三方评估机制，既然是社会化运作，就应该逐渐通过社会化评估机制来优化网格化管理和服务模式。通过上述路径，旨在进一步促进基层治理中政社分工与合作机制的建立及常态化运作。

（三）重组网格化治理的资源网络，助推基层治理的整合集成效应

Z街道网格化治理中存在多主体并行而导致资源碎片化和浪费等问题。笔者认为，应重新梳理基层治理中的社区服务主体，明确不同主体的权责义务，避免同一个社区出现具有类似服务功能的主体；同时，重新梳理社区服务资源网络，将上级部门下拨的资源与社区自身的资源进行重组，合理地用于具有不同优势和分工的服务主体上，例如，社区工作站与社区服务中心之间的功能可以整合，不同社会服务机构在同一社区开展的服务工作也可整合，否则会导致极大的资源浪费以及基层工作的重复开展，并会进一步导致这些不同主体之间的矛盾与冲突。反之，通过基层治理中的治理资源重组，进而优化社区治理结构，可以显著提高基层治理的整合与集成效应。

（四）探索网格化队伍的职业体系，打造基层治理的人才创新高地

在全国范围内，网格化实践的一个共同的困境就是网格员队伍的职业化问题。这些问题包括：网格员的身份是否具有合法性？如何具有合法性？网格员的薪酬待遇体系如何建立？以什么为参考标准？网格员是否可以列入专业化、职业化的人才序列中，从而保证网格员队伍的生存发展权利？网格员与社区工作者之间是一种怎样的关系？通过专业社会服务机构承接管理的网格员，与之前通过劳务派遣的协管员有没有本质上的差别？这些问题都将我们导向一个较为核心的问题，那就是网格员队伍的职业化问题。在Z街道破解网格员合法性问题的基础上，即通过社会服务机构招聘、管理网格员，使网格员不再是"临时工"，还需要一系列相应的制度作为保障。笔者认为，Z街道要探索网格员队伍的职业体系应包括如下内容：其一，确立网格员的身份。应以"社区工作者"作为网格员队伍的统称，这一称谓是实

践中网格员较为认可的称谓，也与国家主流称谓一致；相反，如果继续以网格员视之，不仅难以体现网格化管理的社会化和项目化优势，同时，也难以让这个队伍有自我身份认同和职业认同。因此，可以考虑将网格员队伍纳入地方社区工作者职业队伍中。其二，落实网格员队伍的生存保障问题。严格按照项目费用中的人头费加以执行，除了基本工资以外，要能保证网格员享有同等水平的社会保障待遇；同时，鉴于一些社会服务机构存在内部治理机制和制度不完善等问题，街道在委托社会服务机构提供服务时，有必要对机构聘用、管理网格员队伍方面的薪酬待遇和福利保障等在合同中作出详细规定，以确保网格员队伍劳有所值。其三，将网格员改称为社区工作者的同时，鼓励其参加国家有关职业资格考试，考虑到部分网格员的文化水平较低等因素，也可由街道自己出台考核机制，通过特定考核的网格员就能享有同等水平的社区工作者的相关待遇。其四，要进一步探索网格员队伍的准入、激励、考核、晋升、退出等机制，要给网格员队伍有盼头、需努力和可进步的动力。其五，街道可以进一步探索专业社工＋网格员队伍的联动机制，发挥社会服务机构原有社工队伍的专业优势，引领网格员队伍在服务理念、工作方式方面实现转型和创新；同时，发挥网格员队伍的基层工作经验优势，通过建立互为“师徒”的关系机制，有助于真正为基层治理创新培养一支本土化与专业化结合的高水平人才队伍。

参考文献

［1］ 李泉.治理思想的中国表达：政策、结构与话语演变［M］.北京：中央编译出版社，2014.

［2］ 孙柏瑛，杜英歌.地方治理中的有序公民参与［M］.北京：中国人民大学出版社，2013.

［3］ 杨宏山，齐建宗.数字化城市管理模式［M］.北京：中国人民大学出版社，2009.

［4］ 张兵.网络化管理 组团式服务：新时期基层治理的舟山模式［M］.北京：党建读物出版社，2011.

[5] 艾云.上下级政府间"考核检查"与"应对"过程的组织学分析 以A县"计划生育"年终考核为例[J].社会,2011,31(3):68-87.

[6] 曾鹏,汪燕.城市网格管理员的身份困境及其破解:以湖北省宜昌市网格化管理为例[J].三峡大学学报(人文社会科学版),2014,36(4):87-90.

[7] 陈家建,张琼文,胡俞.项目制与政府间权责关系演变:机制及其影响[J].社会,2015,35(5):1-24.

[8] 陈家建.项目制与基层政府动员:对社会管理项目化运作的社会学考察[J].中国社会科学,2013(2):64-79,205.

[9] 陈云,周曦民,王浣尘.政府网格化管理的现状与展望[J].科技管理研究,2007,27(5):40-41.

[10] 崔效辉.论20世纪中国地方国家政权的内卷化[J].公共管理高层论坛,2006(1):232-243.

[11] 冯仕政.中国国家运动的形成与变异:基于政体的整体性解释[J].开放时代,2011(1):73-97.

[12] 高恩新.基于信息整合与人员下沉的城市管理创新研究[J].中共浙江省委党校学报,2011,27(6):92-97.

[13] 高建华.区域公共管理视域下的整体性治理:跨界治理的一个分析框架[J].中国行政管理,2010(11):77-81.

[14] 何艳玲,蔡禾.中国城市基层自治组织的"内卷化"及其成因[J].中山大学学报(社会科学版),2005,45(5):104-109,128.

[15] 侯玉兰.新公共服务理论与建设服务型政府[J].国家行政学院学报,2005(4):31-34.

[16] 李靖.在中国建设服务型政府的理论基础[J].政治学研究,2005(4):69-74.

[17] 胡佳.整体性治理:地方公共服务改革的新趋向[J].国家行政学院学报,2009(3):106-109.

[18] 胡象明,唐波勇.整体性治理:公共管理的新范式[J].华中师范大学学报(人文社会科学版),2010,49(1):11-15.

[19] 胡重明.再组织化与中国社会管理创新:以浙江舟山"网格化管理、组团式服务"为例[J].公共管理学报,2013,10(1):63-70,140.

[20] 黄建军.从社会管理到社会治理的多维困境[J].探索,2014(2):61-65.

[21] 黄立新.创新网格化工作思路与管理要点[A]//第二届全国社区网格化、信息化服务讲习班暨2015年社区工作委员会常委会材料汇编[C].2015:35.(内部资料)

[22] 黄宗智，龚为纲，高原."项目制"的运作机制和效果是"合理化"吗？[J]. 开放时代，2014(5)：143－159，8.
[23] 孔娜娜. 网格中的微自治：城市基层社会治理的新机制[J]. 社会主义研究，2015(4)：90－96.
[24] 李强，葛天任. 社区的碎片化：Y市社区建设与城市社会治理的实证研究[J]. 学术界，2013(12)：40－50.
[25] 刘安. 网格化管理：城市基层社会治理体制的运行逻辑与实践特征：基于N市Q区的个案研究[J]. 江海学刊，2015(2)：99－107.
[26] 刘俊生. 论服务型政府的价值基础与理论基础[J]. 南京社会科学，2004(5)：52－57.
[27] 刘熙瑞，段龙飞. 服务型政府：本质及其理论基础[J]. 国家行政学院学报，2004(5)：25－29.
[28] 麻宝斌，任晓春. 从社会管理到社会治理：挑战与变革[J]. 学习与探索，2011(3)：95－99.
[29] 戚学祥，钟红. 从社会管理走向社会治理[J]. 探索，2014(2)：66－69.
[30] 渠敬东，周飞舟，应星. 从总体支配到技术治理：基于中国30年改革经验的社会学分析[J]. 中国社会科学，2009(6)：104－127.
[31] 渠敬东. 项目制：一种新的国家治理体制[J]. 中国社会科学，2012(5)：113－130，207.
[32] 施雪华."服务型政府"的基本涵义、理论基础和建构条件[J]. 社会科学，2010(2)：3－11，187.
[33] 孙柏瑛，祁凡骅. 我国政府社会管理创新的价值基础[J]. 公共管理与政策评论，2013，2(3)：6－14.
[34] 孙柏瑛，杨新沐. 地方政府权力清单制度：权力监督制约的新探索[J]. 行政科学论坛，2014，1(6)：29－33.
[35] 孙柏瑛，于扬铭. 网格化管理模式再审视[J]. 南京社会科学，2015(4)：65－71，79.
[36] 陶振. 社区网格化管理的运行架构及其内生冲突：以上海X区Y街道为例[J]. 社会主义研究，2015(4)：97－103.
[37] 田毅鹏，薛文龙. 城市管理"网格化"模式与社区自治关系刍议[J]. 学海，2012(3)：24－30.
[38] 田毅鹏. 城市社会管理网格化模式的定位及其未来[J]. 学习与探索，2012(2)：28－32.
[39] 汪习根，钱侃侃. 网格化管理背景下的制度创新研究：以全国社会管理创

新试点城市宜昌为样本[J]. 湖北社会科学，2013(3)：38－43.
[40] 王诗宗. 治理理论及其中国适用性[M]. 杭州：浙江大学出版社，2009.
[41] 王绍光. 从经济政策到社会政策：中国公共政策格局的历史性转变[J]. 中国公共政策评论，2007，1(0)：29－45.
[42] 文军. 从单一被动到多元联动：中国城市网格化社会管理模式的构建与完善[J]. 学习与探索，2012(2)：33－36.
[43] 徐选国，戚玉，周小燕. 社会工作介入农村社区生计发展的理论创新与经验反思：以社会治理创新为分析视角[J]. 中国农业大学学报(社会科学版)，2014，31(4)：38－48.
[44] 徐选国. 嵌入性治理：城市社区治理机制创新的一个分析框架：基于对国家-社会关系范式的批判性反思[J]. 社会工作，2015(5)：55－64，126.
[45] 徐永祥. 政社分工与合作：社区建设体制改革与创新研究[J]. 东南学术，2006(6)：51－57.
[46] 阎耀军. 城市网格化管理的特点及启示[J]. 城市问题，2006(2)：76－79.
[47] 杨爱平，余雁鸿. 选择性应付：社区居委会行动逻辑的组织分析：以G市L社区为例[J]. 社会学研究，2012，27(4)：105－126，243－244.
[48] 杨宝，吴明海. 政社团结：网格化管理的创新实践[J]. 湖北社会科学，2015(3)：41－46.
[49] 杨君，徐选国，徐永祥. 迈向服务型社区治理：整体性治理与社会再组织化[J]. 中国农业大学学报(社会科学版)，2015，32(3)：95－105.
[50] 杨敏. 作为国家治理单元的社区：对城市社区建设运动过程中居民社区参与和社区认知的个案研究[J]. 社会学研究，2007，22(4)：137－164，245.
[51] 杨敏，杨玉宏. "服务—治理—管理"新型关系与社区治理新探索[J]. 思想战线，2013，39(3)：1－7.
[52] 余华. 社区网格化管理范式的演进与创新略探[J]. 湘潭大学学报(哲学社会科学版)，2014，38(2)：79－82，150.
[53] 郁建兴，王诗宗. 治理理论的中国适用性[J]. 哲学研究，2010(11)：114－120，129.
[54] 折晓叶，陈婴婴. 项目制的分级运作机制和治理逻辑：对"项目进村"案例的社会学分析[J]. 中国社会科学，2011(4)：126－148，223.
[55] 郑士源，徐辉，王浣尘. 网格及网格化管理综述[J]. 系统工程，2005，23(3)：1－7.
[56] 郑泽金，张国祥. 城市网格化管理拓展研究：以宜昌市网格化管理为例

[J]. 湖北行政学院学报，2014(4)：45－48.
[57] 周飞舟. 财政资金的专项化及其问题兼论"项目治国"[J]. 社会，2012，32(1)：1－37.
[58] 周连根. 网格化管理：我国基层维稳的新探索[J]. 中州学刊，2013(6)：83－85.
[59] 周雪光. 项目制：一个"控制权"理论视角[J]. 开放时代，2015(2)：82－102，5.
[60] 周雪光. 运动型治理机制：中国国家治理的制度逻辑再思考[J]. 开放时代，2012(9)：105－125.
[61] 竺乾威. 从新公共管理到整体性治理[J]. 中国行政管理，2008(10)：52－58.
[62] 竺乾威. 地方政府的组织创新：形式、问题与前景[J]. 复旦学报(社会科学版)，2015，57(4)：139－148.
[63] 竺乾威. 公共服务的流程再造：从"无缝隙政府"到"网格化管理"[J]. 公共行政评论，2012，5(2)：1－21，178.
[64] [美]杜赞奇. 文化、权力与国家：1900—1942年的华北农村[M]. 王福明，译. 南京：凤凰出版传媒集团，江苏人民出版社，2010.
[65] [英]卡尔·波兰尼. 大转型：我们时代的政治与经济起源[M]. 冯钢，刘阳，译. 杭州：浙江人民出版社，2007.
[66] [美]戴维·奥斯本，彼德·普拉斯特里克. 摒弃官僚制：政府再造的五项战略[M]. 谭功荣，刘霞，译. 北京：中国人民大学出版社，2002.
[67] [美]拉塞尔·M. 林登. 无缝隙政府：公共部门再造指南[M]. 汪大海，等译. 北京：中国人民大学出版社，2002.
[68] [澳]欧文·E. 休斯. 公共管理导论[M]. 彭和平，等译. 北京：中国人民大学出版社，2001.
[69] FOSTER I, KESSELMAN C. The grid: blueprint for a new computing infrastructure[M]. 2nd ed. Amsterdam, Boston: Morgan Kaufmann, 2004.
[70] LEAT D, STOKER G, et al. Towards holistic governance: the new reform agenda[M]. Basingstoke: Palgrave, 2002.
[71] BURAWOY M. From Polanyi to pollyanna: the false optimism of global labor studies[J]. Global Labour Journal, 2010, 1(2): 301－313.
[72] DUNLEAVY P, MARGETTS H, BASTOW S, et al. New public management is dead—long live digital-era governance[J]. Journal of Public

Administration Research and Theory，2006，16(3)：467 - 494.

[73] DONG X Y，BOWLES P，CHANG H Q. Managing liberalization and globalization in rural China：trends in rural labour allocation，income and inequality[J]. Globalization and Labour in China and India，2010，1(1)：25 - 44.

结　　语

“三社联动”可以被视为一个经典的议题。尽管这个概念在后来被演化成“四社联动”“五社联动”甚至“六社联动”，但是，“三社联动”的内涵具有决定性意味，其他提法主要是在外延上有所扩展，实质上都应纳入政社关系的框架中进行讨论。记得徐永祥教授回忆他在2004年提出“三社互动”时强调，之所以要提社区、社会组织和社会工作者的互动，是因为当时正处于单位体制解体、社会转型加剧的历史时期，在原有“国家—单位—个人/家庭”网络中的单位逐渐解体的过程中，由于缺乏相应的组织通道，国家要直面广大的个体和大众，形成“国家—个体/大众”的关系结构，在实践中容易出现一系列问题。在此背景下，重构国家与个人之间的组织通道，将分散的个体组织起来，促进社会的再组织化就成为面对单位体制转轨带来的问题的根本逻辑。可见，“三社联动”的深层次内涵中蕴含着“社会”的生长，以及生长出来的“社会”与原有的国家力量之间形成的合作、分工与联动机制，跳出了许多关于国家与社会存在二元关系的论述，体现出一种基于中国特定现实的本土理论逻辑。

本书汇集的几篇专题研究报告基本上都是在上述思想指引下开展的：总论章节是对"三社联动"与"五社联动"内涵、关系及其差异进行的阐述；第一章是针对"三社联动"进行的总体性论述，明确了本书有关"三社联动"的基本理论想象；第二章是笔者对上海梅村的经验现实进行研究时，结合"三社联动"实践提出了社会理性的学理概念，旨在分析多主体之间基于社会理性而非其他理性逻辑进行的合作治理行动；第三章对深圳市H社区的分析结合其"让社区回归社会"的经验现实，重构了社区与社会的关系，强调社区的社会属性，进而深化了"三社联动"中社区的内涵，指出社区是"三社联动"的核心构成，既指主体意义上的社区党组织、居委会等，更代表着社区主体、社会组织和社会工作者之间的协作、联动，进而致力于实现美好社区建构的深层意涵；第四章是在网格化实践基础上形成的专题研究报告，旨在探索形成基层治理的社会逻辑，与本书所强调的"三社联动"之根本前提在于政社分工与合作保持了论述的一致性和观点的延续性。因此，"三社联动"不仅体现了一种超越国家与社会二元关系的视角创新，更在实践中通过社区促成国家与社会的联结，弱化了基层社会中国家与社会的边界，体现了在中国情境下国家、组织与个人之间的连通及联结。可见，"三社联动"在当下构建社会治理共同体的背景下依然具有充足的生命力和理论潜力。

此外，特别需要指出的是，本书大部分内容完成于2016年前后，这几年是国家大力推进"三社联动"实践的关键时期，笔者正是集中在这几年对"三社联动"意义进行了系统性的调研和思考。尽管自2020年以来，国内实践和政策领域开始提出一个新的概念——"五社联动"——并成为当前基层治理体系和治理能力现代化推进中的一个重要术语，然而，笔者认为，"五社联动"在内涵上与"三社联动"保持了承继性，只是在外延上有了一定的延展。因此，考虑到本书的写作背景均处于"三社联动"实践的特定历史阶段，即使本书付梓出版之际正是"五社联动"如火如荼地推进的时期，但为了尊重历史、还原"三社联动"实践时期的真实面貌，本书仍然保持"三社联动"的相关表述。待时机成熟，再对"五社联动"制度及其实践进行系统性研究。

本书的出版过程见证了中国社会变迁之迅速，在政策脉络上体现了“三社联动”与“五社联动”的连续性和承继性，这对进一步建构和阐释中国式现代化进程中我国基层社会治理的本土理论与原创性概念具有积极的启示意义。

需要指出的是，由于笔者自身能力有限，在对本书相关观点的阐释上难免存在局限，在语言文字上也难免有所疏漏，欢迎读者朋友们及时反馈、讨论交流。

本书能够顺利出版，特别感谢笔者已故导师徐永祥教授的倾心指导，感谢何雪松教授、杨发祥教授、朱眉华教授的指导与支持。同时，在调研过程中，本书得到了上海梅陇三村党总支原书记尚艳华，深圳南山区招商街道党工委原书记黄立新、招商街道花果山社区党委原书记吴红霞，深圳阳光家庭综合服务中心理事长孙亚华等领导师友的极大支持，在此一并致谢。此外，本书能够顺利付梓，要特别感谢华东理工大学出版社刘军博士、孟媛利和牟小林编辑的辛勤付出。

内 容 提 要

基于上海、深圳等地“三社联动”的经验实践，本书阐释了“三社联动”的本土内涵、历史脉络和理论基础。书中指出，“三社联动”的深层次内涵中蕴含着“社会”的生长，以及生长出来的“社会”与原有的国家力量之间形成合作、分工与联动的机制，跳出了许多关于国家与社会存在二元关系的论述，体现出一种基于中国特定现实的本土理论逻辑。本书坚持将“三社联动”纳入基层社会治理体系之中，强调党建引领、政社分开与合作及社会理性等原则是分析“三社联动”议题的关键概念，助推“三社联动”在重塑政社关系、推进基层治理体系和治理能力现代化进程中发挥作用。本书论述的创新性在于：“三社联动”不仅体现了一种超越国家与社会二元关系的视角创新，更在实践中通过社区促成国家与社会的联结，弱化了基层社会中的国家与社会边界，体现了在中国情境下国家、组织与个人之间的连通与联结。当下，“三社联动”逐渐向“五社联动”演变，日益成为推进社会体制改革、促进社会治理创新、构建社会治理共同体的关键维度，但其所具有的理论生命力和解释潜力亟待学界深入探索。